Johannes Höflich/Robert Hofrichter

Bedrohte PARADIESE

IMPRESSUM

Einbandgestaltung: Luis dos Santos
Titelbild: Robert Hofrichter
Bildnachweis: Alle Bilder stammen von Robert Hofrichter außer S. 180, 182, 183, 185:
Christine Gstöttner; S. 42, 43: Christian Alter; Gerald Roger Hau; S. 120, 121:
Paul Munzinger.

ISBN 978-3-613-50686-2

Copyright © 2012 by Verlag pietsch, Postfach 103742, 70032 Stuttgart.
Ein Unternehmen der Paul Pietsch Verlage GmbH & Co. KG

1. Auflage 2012

Sie finden uns im Internet unter: **www.pietsch-verlag.de**

Lektorat: Angela Saur
Innengestaltung: Petra Pawletko
Druck und Bindung: LEGO S.p.A., 36100 Vicenza
Printed in Italy

INHALT

VORWORT

VORWORT

Unser blauer Planet – noch ist er vielerorts wunderschön mit seinen zahlreichen Naturwundern unter wie über Wasser. Jeder Kontinent hat seine eigenen Schönheiten, jede Klimazone hat ihre Besonderheiten und überall trifft der neugierige Beobachter auf wahre Wunder der Natur. Doch dieser größte aller Schätze der Menschheit ist bedroht. Der Grund dafür ist denkbar einfach: Die Weltbevölkerung ist auf sieben Milliarden angewachsen und wächst weiterhin rasant. All diese Menschen brauchen Lebensraum, Nahrung und Ressourcen.

Immer mehr Lebensräume und Arten verschwinden unwiederbringlich, Umweltverschmutzung grassiert beinahe überall und in vielen Ländern gibt es noch immer viel zu lasche Umweltgesetze. Selbst wenn die Gesetze passen würden, könnte nur ihre konsequente Einhaltung Abhilfe schaffen. Doch gerade daran scheitert es. Raubbau an der Natur wird viel zu selten durch nachhaltiges Wirtschaften ersetzt.

Der Seychellen-Baumfrosch (Tachycnemis seychellen-
sis) *ist endemisch. Er kommt nur auf vier Inseln der
zentralen Inselgruppe vor. Mit dem Vorkommen von
endemischen Fröschen auf ozeanischen Inseln sind
die Seychellen nahezu einmalig in der Welt – mit
ganz wenigen Ausnahmen konnten Lurche Inseln im
Ozean nicht besiedeln, da sie kein Salzwasser ertragen und empfindlich gegen Austrocknung sind.*

Es gibt jedoch auch Hoffnung. In jeder Region,
die wir auf unseren Reisen rund um den Globus
besuchten, fanden wir engagierte Mitmenschen,
denen der Erhalt der Natur aufrichtig am Herzen
liegt. Oft sind es lokale Umweltgruppen wie auf
Mallorca oder den Kanarischen Inseln, die es mit
wenig Geld, aber viel Enthusiasmus zu großem
Einfluss in der Gesellschaft gebracht haben, oft
sind es aber auch Einzelkämpfer, die irgendwo
in Thailand oder auf den Malediven eine Öko-
Lodge errichten und auf ihre spezielle Art und
Weise versuchen, den Gästen die Einzigartigkeit
der Natur und die Notwendigkeit ihres Schutzes
nahe zu bringen.

Wer unter den Naturparadiesen unseres Planeten eine Auswahl treffen soll, die er bereisen
möchte, hat die Qual der Wahl. Allein die Welt-
erbeliste der UNESCO bietet hunderte Ziele, die
alle eine Reise wert wären. Wir entschieden uns
für sieben bedrohte Paradiese, die bei vielen

Das Napoleon-Riff im Süden von Dahab (Südsinai, Ägypten). Im Hintergrund sieht man die Berge der Sinaihalbinsel, die aus einem uralten, präkambrischen Granit bestehen. Dahab liegt am Golf von Aqaba, der die Fortsezung der Bruchlinie in der Erdkruste bildet, die sich vom Ostafrikanischen Grabenbruch über das gesamte Rote Meer nach Norden zieht. Hier entsteht mit dem Roten Meer ein junger Ozean, dessen Wachstum allerdings recht verlangsamt ist. Die Riffe des Roten Meeres sind durch den ausufernden Tourismus, Bautätigkeit an Land, Überfischung, Verschmutzung, Einleitung ungeklärter Abwässer und globale Veränderungen bedroht. Die seit 2003 hier aktive Meeresschutzorganisation RSEC setzt sich für den Erhalt der Riffe ein.

Europäern besonders beliebt sind. So sind die Kanarischen Inseln in den Wintermonaten ein Top-Reiseziel unseres Kontinents. Hunderttausende suchen hier Erholung unter der auch im Februar angenehm wärmenden Sonne. Dazu bietet der Archipel durch Vulkanismus geprägte, einzigartige Naturschönheiten, und unter Wasser locken eine eigene geheimnisvolle, artenreiche Welt und stellenweise viele Großfische und Meeressäuger. Doch genau wie bei allen anderen von uns besuchten Paradiesen gibt es auch ausufernde Umweltprobleme. Auf den Kanaren sind es unter anderem die Vermüllung, das zügellose Zubetonieren der Landschaft und der ausufernde Massentourismus, der die natürlichen Landschaften und Lebensräume ganzer Inselabschnitte unwiederbringlich zerstört hat. In unserem Buch geht es uns nicht bloß darum, Umweltsünden sozusagen »mit Schaum vor dem Mund« anzuprangern. Uns liegt es vielmehr am Herzen, auf die Einzigartigkeit der Natur und dringend erforderliche Schutzmaßnahmen hinzuweisen. Das Beispiel Kanaren zeigt, dass schon einiges passiert ist. Immerhin hat sich auf den

Inseln Lanzarote, Teneriffa und auch auf Gran Canaria eine Naturschutzbewegung entwickelt, die von weiten Teilen der Bevölkerung unterstützt wird und auch mit Gerichtsprozessen so manchen Schwarzbau im Naturschutzgebiet gestoppt hat. Auch wurden in den vergangenen Jahren mehr Naturschutzgebiete ausgewiesen,

Es gibt kaum eine Tiergruppe auf dieser Welt, die nicht bedroht wäre, doch einen negativ herausragenden Platz nehmen die Primaten ein, die man bezeichnenderweise »Herrentiere« nennt – weil wir selbst zu ihnen zählen. Von den etwa 250 heute lebenden Primatenarten sind die allermeisten stark bedroht, viele stehen am Rand der Ausrottung. Der Verlust der Lebensräume steht an erster Stelle, doch genauso dramatisch ist die direkte Bejagung: In der Dritten Welt und in Südostasien werden unsere Verwandten ohne Rücksicht auf Verluste gern gegessen. Der abgebildete Schopfmakake (Macaca nigra) vom Norden Sulawesis (Indonesien) hat Glück: Er lebt in einem Nationalpark, und die Einheimischen schießen nicht mehr auf ihn, sondern führen Touristen in seinen Wald.

Die Echte Karettschildkröte (Eretmochelys imbricata) wurde besonders wegen des Schildpatts intensiv bejagt, doch auch der Raubbau an den Eiern trägt zum Rückgang der Bestände bei. Sogar wegen ihres Fleisches werden gelegentlich Tiere erbeutet, obwohl dieses für den Menschen nicht ungefährlich ist. Schon hunderte Menschen sind dadurch gestorben. Die Karettschildkröten können Toxine speichern, wenn sie zuvor giftige Meerestiere oder -pflanzen gefressen haben. Beide Unterarten dieser Spezies sind vom Aussterben bedroht und stehen unter internationalem Schutz.

durch die eine noch weiträumigere Zerstörung der Landschaft verhindert wird. Sicher ist auch auf den Kanaren in punkto Umweltschutz nach wie vor nicht alles Gold was glänzt, doch trotz Korruption und Geldgier vieler Investoren hat sich hier manches positiv entwickelt. Die Kanaren bieten nur ein Beispiel für Entwicklungen, die mit Abstrichen sicherlich auch für die Balearen, die ebenfalls in diesem Band vorgestellt werden, gültig sind.

Schwierig für den Naturschutz wird es immer dann, wenn das Geld knapp wird. In Zeiten der Krise werden oft zuerst die Mittel für die Erhaltung der Umwelt gekürzt. Die NGOs kämpfen ums Überleben. Das zeigt in unserem Buch das Beispiel Griechenland. Die fatale wirtschaftliche Entwicklung schlägt hier mitten in Europa auch auf den Naturschutz durch. Wo früher auch mit Hilfe der Europäischen Union eindrucksvolle Naturschutzprojekte entstanden, fehlt heute das

Kein umweltbewusster Mensch sollte sich aus falsch verstandener Tierliebe am illegalen Handel mit bedrohten Spezies beteiligen. Dieser trägt nämlich Mitschuld am dramatischen Rückgang von Arten und Populationen. So sind wunderschöne Sittiche begehrte Handelsware und Gegenstand mafiöser Geschäftemacherei. Ein Beispiel: Allein in Mexiko werden jährlich bis zu 80.000 Papagei- en und Sittiche illegal gefangen und aus dem Land geschmug- gelt. Drei von vier Exemplaren überleben die Tortur nicht.

Geld zur Bezahlung von Nationalparkwärtern. Das führte auch zu einem herben Rückschlag für den Schutz der Meeresschildkröten und der vom Aussterben bedrohten Mönchsrobben (die- se werden von den Fischern zum Teil aus Frust und Bosheit gezielt getötet) vor der Insel Zakyn- thos. Einen Artikel betitelten wir nach unserer Rückkehr aus Verzweiflung über die dort vor- herrschende Zustände: »Griechenland – von al- len guten Göttern verlassen?«

Doch auch in Griechenland trafen wir viele Menschen, die sich für den Umweltschutz en- gagieren. Auf Santorini machte die halbe Insel- bevölkerung für die Bergung eines gesunkenen Kreuzfahrtschiffes mobil. Die Bevölkerung fürch- tete ein Auseinanderbrechen des Wracks und die weiträumige Verseuchung der idyllischen Gewässer rund um die weltberühmte Insel. Auf Kreta trafen wir Einheimische, die vermehrt ge- gen die allgegenwärtigen illegalen Mülldeponi- en vorgehen und die Überfischung der Ägäis mit viel zu engmaschigen Netzen – nur ein Fünftel der vorgeschriebenen Netzmaschengröße – an- prangern. Es sind umweltfeindliche, nicht nach- haltige Fischereimethoden, die zur regionalen Ausrottung vieler Fischbestände führen, die wir aber in Griechenland leider auf jedem Schritt entdeckten. Entsprechend deprimierend waren die taucherischen Vorstöße in die Unterwasser- welt: Stellenweise war kaum noch ein Fisch oder sonstiger Meeresbewohner zu entdecken. Die einst prächtige Unterwasserwelt des Mittelmee- res gleicht stellenweise jetzt schon einer öden, leblosen Wüste. Andererseits durften wir in ma- rinen Schutzgebieten wie auf Cabrera (Balearen) erleben, wie großartig sich die Meereswelten in- nerhalb nur eines Jahrzehnts regenerieren kön-

Der Rückgang der Biodiversität, die neben der Artenvielfalt auch die Vielfalt der Lebensräume mit einschließt, macht sich auch in unseren Heimatländern in Europa bemerkbar – der Mensch beansprucht immer mehr Raum für sich. Der abgebildete Blattkäfer (Chrysomelidae) zählen zu einer riesigen Käferfamilie mit etwa 50.000 Spezies weltweit, allein in Deutschland gibt es über 470 Arten.

nen. Der einzige Weg ist damit vorgezeichnet: die Einrichtung einer ausreichenden Menge an Schutzgebieten über und unter Wasser, die im Idealfall miteinander vernetzt sein sollen.

In den Kinderschuhen steckt der Naturschutz nach wie vor in vielen Ländern der sogenannten Dritten Welt. Hautnah mussten wir dies in Ägypten, Thailand und auch auf den Malediven erfahren. Ein kaum kontrollierter, ausufernder Ausverkauf des Landes findet statt. In Ägypten hatte man vor der Revolution den Eindruck, dass jeder einzelne Meter der natürlichen Küstenlinie verbaut werden soll. Ob es jetzt nach dem Arabischen Frühling anders wird?

Je ärmer die Bevölkerung, umso schwieriger wird es für Umweltschützer, sich mit ihren Anliegen durchzusetzen. So fällt es auf der thailändischen Insel Koh Tao den Hotelbesitzern immer noch schwer, wenigstens für eine geregelte Abwasserversorgung und Müllbeseitigung zu sorgen, obwohl hier der Tourismus seit Jahren boomt und in furchteinflößendem Tempo die natürliche Landschaft zerstört. In nur zehn Jahren veränderte sich das Antlitz der Insel grundsätzlich. Kläranlagen kannte man bisher nicht und leider sieht man auch deren Notwendigkeit nicht wirklich ein, obwohl die hotelnahen Gewässer längst überdüngt sind und die Unterwasserwelt leidet. Hier trägt jeder Gast Mitverantwortung. Immer wieder konnten wir feststellen, dass Umweltstandards erst nach Nachfragen und Forderungen der zahlenden Gäste erhöht wurden. Ein wenig Selbstbewusstsein in dieser Richtung hat nichts mit Neokolonialismus zu tun, sondern hilft letztlich nur der Umwelt und den Menschen des Landes.

Eines der letzten Paradiese dieser Erde: Die Inselwelt von Raja Ampat in West Papua (Indonesien). Unaufhaltsam dringt der Tourismus selbst in diese Gebiete vor; auch illegale Abholzung, Zerstörung von Lebensräumen und Raubbau an Tierarten machen vor dem Paradies nicht halt.

Sieben Reisen in sieben Länder, die unter teilweise recht abenteuerlichen Umständen stattfanden, beschreiben wir in unserem Buch. Jede Tour führte uns in ein anderes bedrohtes Naturparadies, das es zu schützen gilt. Egal ob in Ägypten, Thailand, Griechenland oder Spanien: Mitmachen kann dabei auf die eine oder andere Weise jeder, sei es als aufgeklärter Hotelier oder Tauchbasisbesitzer, der Reisen, Ausflüge und Tauchgänge so gut wie möglich im Einklang mit der Natur anbietet, sei es als Reisender, der sich an die Grundregeln des Naturschutzes hält, sich informiert und Gedanken macht und nicht einfach unüberlegt alles konsumiert, was die klassische Tourismusindustrie anbietet. Wie in anderen Bereichen des Lebens tragen wir als Konsumenten durch unsere Entscheidungen Verantwortung und beeinflussen den Markt und die weitere ökologische Zukunft.

Gegen das Grundproblem, die massive Bevölkerungsexplosion, gibt es bisher kein allgemein anwendbares Rezept. Auch die Touristen werden immer mehr. Der Druck auf die verbleibenden naturbelassenen Flächen, die zugleich die letzten Lebensräume für die ursprünglichen Pflanzen- und Tierarten sind, wird weiterhin wachsen. Nur kluges, verantwortungsvolles Handeln kann verhindern, dass wir die letzte oder vorletzte Generation werden, die die bedrohten Paradiese noch in ihrer vollen Schönheit und mit der gegebenen Artenvielfalt erleben kann.

ÄGYPTEN

ÄGYPTEN

Besuch bei den Ababden, den Beduinen der östlichen Wüste bei El Quseir. Ihre Lebensweise hat sich scheinbar über Jahrhunderte oder sogar Jahrtausende nicht wesentlich geändert. Viele Besucher Ägyptens lernen nur die Hotelpaläste am Roten Meer oder im besseren Fall die Monumente der Pharaonenzeit am Nil kennen. Doch Ägypten hat viel mehr zu bieten.

Schon immer war Ägypten ein fantastisches Reiseland. Die Pyramiden von Gizeh, die Tempelanlagen bei Luxor, das grüne Band des Nils und die Küste des Roten Meeres garantierten stets unvergessliche Erlebnisse im Land der Pharaonen. Auch wenn in den Wirren des Arabischen Frühlings der Tourismus in die Krise geriet: Ägypten braucht Gäste, um dringend benötigte Devisen zu erwirtschaften.

Ein Beduine aus dem Stamm Muzeina kocht in der Wüste von Südsinai (Ägypten) Tee. Beduinen, von denen es auf der Sinaihalbinsel etwa zehn unterschiedliche Stämme gibt, verkörpern eine Jahrtausende alte Lebensweise, die ursprüngliche nomadische Kultur der Wüste. Illusionen sollte man sich dennoch nicht hingeben: Heute haben viele Beduinen in der nächsten Stadt feste Wohnungen, sie besitzen Mobiltelefone und andere Errungenschaften der Moderne. Die ursprüngliche Lebensweise in der Wüste wird gern als »Produkt« an Touristen vermarktet.

Wir hatten mehrfach die Gelegenheit, uns am Nil und vor allem an den Tauchgründen des Roten Meeres umzusehen. Immer wieder waren und sind wir aufs Neue von der farbenfrohen Unterwasserwelt der Korallenriffe begeistert, die sich wie ein Saum von der Sinai-Halbinsel im Norden des Landes bis Marsa Alam im Süden Ägyptens hinziehen. Gleichfalls waren wir aber auf fast jeder unserer Touren ein wenig bedrückt vom mangelnden Umweltbewusstsein vieler Touristen und auch Einheimischer.

Doch auch im Entwicklungsland Ägypten hat sich längst etwas getan. Der Riffschutz ist für verantwortungsvolle Tauchschulen längst eine zentrale Aufgabe. Umweltschützer gewinnen auch am Roten Meer zunehmend an Einfluss und in Hotels wird zur Bewahrung der Natur aufgerufen – ob es immer aufrichtig gemeint ist, ob es bloß Teil der PR ist und ob auch entsprechende Taten folgen, gehört auf ein anderes Blatt. Generell ist es schwer, das Meer und die Küste eines Landes zu schützen, das offensichtlich beschlossen hat, jeden Kilometer dieser Küste zu verbauen.

Vor der Kulisse des Wracks der vor sich hinrostenden Maria Schröder *ruhen im Winter einige Löffler (Platalea leucorodia)* in der seichten Lagune des Naturschutzgebietes Nabq (Südsinai, Ägypten). Löffler oder Löffelreiher zählen zur Familie der Ibisse und Löffler (Threskiornithidae) und sind abseits der Brutgebiete eher seltene Durchzügler.

Die Steinkorallen der Riffkante und des Riffdachs können bei extremen Nipptiden – das sind durch die Mondphasen bedingte Niedrigwasserstände an den Küsten – für kürzere Zeiten trockenfallen, ohne dass sie dadurch einen Schaden erleiden. Die Aufnahme ist in Dahab, Südsinai entstanden. Die beduinischen Frauen nutzen solche Gelegenheit für Riffwanderungen, bei denen sie Essbares aus dem Riff sammeln.

Tauchen am Roten Meer ist wegen der leichten Erreichbarkeit von ganz Europa aus, der relativ günstigen Kosten und des stabilen Sonnenwetters so beliebt. In den vergangenen 30 Jahren entstand aus bescheidenen Anfängen ein regelrechter Tourismuszweig, der alle Ansprüche befriedigt. Hunderte Hotels haben angeschlossene Tauchbasen, in denen Anfänger die Grundkenntnisse erlernen können, eine Flotte von Safarischiffen kreuzt vor der Küste von einer

Unterwasserattraktion zur Nächsten. Auf ein- bis zweiwöchigen Touren stoßen Expeditionsschiffe bis zur Grenze des Sudan und darüber hinaus vor und auch das technische Tauchen ist im Kommen. Immer mehr Taucher begnügen sich nicht mehr mit den normalen Tiefengrenzen für Sporttaucher, sondern wollen noch tiefer hinab. Die Tauchindustrie trägt dem mit einem immer größeren Angebot an Trimix-Kursen und anderen abenteuerlichen Angeboten wie Wrack-

Es lohnt sich, die Fauna und Flora von Mangrovengebieten genauer unter die Lupe zu nehmen – hier in Nabq am Golf von Aqaba. Die bedrohten Mangroven bilden einen besonders artenreichen Lebensraum. Im seichten Wasser kann man die Mangrovenquallen (Cassiopeia andromeda) bewundern, die über den Suezkanal auch ins Mittelmeer eingewandert sind. Die Besonderheit dieser Quallenart: Sie schwimmt oder ruht am Grund mit dem Schirm nach unten und den Tentakeln nach oben, was ihr den englischen Namen »Upside down jellyfish« eingebracht hat.

safaris Rechnung. Die eigentlichen Schönheiten des Roten Meeres geraten dabei leicht in den Hintergrund.

Die Wassertemperaturen des Roten Meeres liegen ganzjährig bei 20 bis 30 Grad und ermöglichen damit ein üppiges Korallenwachstum und eine beeindruckende marine Artenvielfalt. Wunderschöne Korallengärten und dicht bewachsene Steilwände findet man überall (stellenweise

müsste man diesen Satz jedoch leider in die Vergangenheitsform umwandeln). Wer Glück hat, stößt auf riesige Fischschwärme, taucht mit Muränen, Delfinen und auch Haien. Das Rote Meer, einst Europas Tauchparadies Nr. 1, muss sich an vielen Stellen noch nicht hinter anderen Tauchparadiesen unseres Planeten verstecken. Auch Stammgäste zieht es immer wieder in seinen Bann. Dennoch: Die negativen Veränderungen im und am Riff sind nicht mehr zu übersehen.

Korallenriff am Roten Meer: Feuerkorallen (Millepora dichotoma) und die rote Bäumchen-Weichkoralle (Dendronephthya klunzingeri). Ähnlich wie bei den riffbildenden Steinkorallen handelt es sich um Nesseltier-Kolonien, die aus vielen Einzelpolypen bestehen. Sie kommen im Indopazifik und im Roten Meer vor.

Ein Korallenriff am Ras Mohammed-Nationalpark an der südlichsten Spitze der Sinai-Halbinsel mit Feuerkorallen (Millepora dichotoma) und Juwelfahnenbarschen (Pseudanthias squamipinnis). Einst zählten diese Tauchplätze zu den zehn berühmtesten der Welt, in den letzten 20 Jahren stieg jedoch die Anzahl der Taucher und Tauchschiffe unkontrolliert, so dass die Spuren dieser Übernutzung unübersehbar geworden sind.

Orientalische Idylle. Das laute Anpreisen der Waren stört manchmal den zurückhaltenden Besucher aus dem Westen, aber seien wir ehrlich: Was wäre ein Besuch im Orient ohne dieses Erlebnis?

SHARM EL-SHEIKH

Zentrum des Tourismus auf dem Sinai ist die einstige Beduinensiedlung und heutige Großstadt Sharm El-Sheikh. Der Urlaubsort wird von zahlreichen Metropolen aus West- und inzwischen auch Osteuropa direkt angeflogen. Wo vor dreißig Jahren noch ein Fischerdorf stand, findet man heute zahllose Großhotels, Souve-

nirgeschäfte, Kneipen, Restaurants und selbst Fast-Food-Restaurants wie McDonald's.

Das Publikum ist gemischt: Strandurlauber, Taucher und Schnorchler, aber auch Gäste, die eine Rundreise gebucht haben und sich auf dem Sinai das weltberühmte Katharinenkloster ansehen möchten. Viele der Taucher zieht es in den Ras Mohammed-Nationalpark an der südlichsten

Spitze der Halbinsel. Die Anfahrt erfolgt, wie zu vielen Tauchplätzen rund um Sharm El-Sheikh, meist per Boot. Um eine hoffnungslose Überfüllung der berühmten Tauchplätze wie Jackfish Alley, Yolanda Reef oder Shark Reef zu vermeiden, muss man die Tauchtour vorher anmelden, Droht eine Überfüllung des Tauchreviers, wird keine Genehmigung erteilt. Das früher übliche Ankern ist heute ebenso verboten wie das andernorts so beliebte Anfüttern von Fischen.

Im Nationalpark findet man eine wunderschöne Korallenwelt und taucht direkt am Ostafrikanischen Grabenbruch, der steil auf 800 Meter Tiefe abfällt. Starke Meeresströmungen prägen die Unterwasserwelt. Durch das ständig neu herangeführte frische Wasser explodiert das Leben förmlich. Wir tauchen hier mit riesigen Fischschwärmen, Meeresschildkröten, Thunfischen, Barrakudas und Napoleonfischen. Besonders eindrucksvoll sind die Steilwände mit ihren fantastischen Fächerkorallen, den Gorgonien, die sich in der Strömung wiegen. Man braucht meh-

rere Tage, um die wichtigsten Riffe zu erkunden, viele Gäste kommen sogar Jahr für Jahr nach Sharm El-Sheikh und entdecken immer wieder etwas Neues.

Obwohl die Riffe im Nationalpark geschützt sind und viele Tauchbasen versuchen, ihre Gäste von jedweder Berührung der empfindlichen Korallen abzuhalten, gibt es immer noch Taucher, die sich in der Strömung achtlos an Korallen festhalten und mit ihren Flossen auf ihnen herumtrampeln. Wir sehen viele von Tauchern abgebrochene Korallenstöcke, die nun auf dem Meeresgrund vermodern. »Wir erklären die wichtigsten Regeln auf jeder Bootstour«, sagt unser Tauchguide abschließend auf dem Schiff, »aber manche lernen es nie. Früher war es weitaus schlimmer, aber nicht jeder Taucher ist so gut ausgebildet wie er vorgibt und wird bei Stress dann schnell hektisch. Vor allem wenn die Strömung ordentlich bläst. Dann hält er sich überall fest und es kommt zu den Schäden.«

Der 7450 Quadratkilometer große Wadi-al-Gamal-Nationalpark – arabisch für Tal der Kamele, einer von drei Nationalparks in Ägypten – besteht als solcher erst seit 2003. Er liegt etwa 50 Kilometer südlich von Marsa Alam, reicht bis an die Küste des Roten Meeres, beherbergt eine vielfältige Tier- und Pflanzenwelt und bietet faszinierende Landschaften. Im Wadi finden sich historisch bedeutende Zeugnisse, die zurück in die römische und ptolemäische Zeit reichen.

Der Faszination orientalischer Märkte kann man sich kaum entziehen. Die Formen und Farben scheinen den Geschichten aus tausendundeiner Nacht entsprungen zu sein.

DAHAB

Wir fahren hundert Kilometer weiter nach Norden. Unser Ziel ist das Städtchen oder zwischenzeitlich schon Stadt Dahab mit ihren berühmten Tauchplätzen Canyon und Blue Hole. Dahab galt lange als Geheimtipp für Individualtouristen, die mit dem Bus aus Kairo kamen und hier Wochen und Monate verbrachten. Auch wenn der Rummel bei weitem nicht so groß ist wie in Sharm El-Sheikh, der Massentourismus hat in Dahab und Umgebung längst Einzug gehalten. Sowohl unter Wind- und Kitesurfern als auch unter Tauchern gilt es nach wie vor als Topadresse, obwohl es durch die rapide Entwicklung etwas vom Hippie-Image verloren hat.

In der Lagune weht meist ein beständiger Wind. Tauchen kann man in der Regel fast überall direkt vom Ufer. Der berühmte Canyon und das Blue Hole sind inzwischen leicht erreichbar. Bis zum Canyon und darüber hinaus ist die Straße inzwischen gut ausgebaut. Wer auf ihr entlang fährt, sieht überall halb fertig gebaute Hotels, oft genug bloß gespenstische Betongerippe, die erahnen lassen, wie es hier in einigen Jahren zugehen wird.

Der Canyon erlangte seine Berühmtheit auch wegen seiner Nähe zum Land – er war für Taucher leicht zu erreichen. Es handelt sich dabei letztlich um eine Unterwasserschlucht, die bis ans Ufer heranführt und die sehr schön bewachsen ist. Im Inneren stößt man auf viele Glasfische und kleine Grotten. Doch wie kann man des Massenandrangs Herr werden und auch nur einen Hauch von Ursprünglichkeit und Abenteuer bewahren, wenn man sich vor dem Durchtauchen der Schlucht in einer Schlange anstellen muss? Noch berühmter ist das Blue Hole nur ein paar Kilometer weiter, ein Karstphänomen aus der Zeit tieferer Meeresspiegel. Es liegt direkt an der Küste und besteht aus einem imposanten »Loch« im Riffdach – einem Loch mit einem Durchmesser von etwa 65 Metern und einer Tiefe von 70 bis 110 Metern, aus dem man in der Tiefe ins offene Meer gelangen kann. Obwohl das Wasser im Inneren manchmal etwas eingetrübt ist, zieht das Blue Hole Taucher und Schnorchler aus aller Welt magisch an. In der Hochsaison kommen täglich mehr als tausend Gäste. Die meisten von ihnen sind Schnorchler, die um das Blue Hole herumpaddeln. »Wenn sie erschöpft sind, stellen sich viele einfach auf das Riffdach und zerstören so die empfindlichen Korallen«, berichtet der Meeresbiologe Christian Alter vom Red Sea Environmental Centre. »So erleidet das gesamte Riff empfindliche Schäden.«

Neben den Schnorchlern kommen vor allem Tieftaucher in Scharen. Das technische Tauchen ist in den letzten Jahren offenbar zu einem starken Trend geworden. Dagegen wäre nichts einzuwenden, wenn die Ausbildung gut ist und die Ausrüstung stimmt. Doch mancher Taucher ist einfach zu unvorsichtig und überschätzt sich, denn durch den »Bogen« zu tauchen ist an und für sich nichts für Sporttaucher mit Pressluft, wie man bereits in der Grundausbildung lernt. Doch Menschen neigen dazu, Regeln zu brechen – und am Blue Hole wird diese Überschätzung zur tödlichen Gefahr. Nicht wenige haben für den Kick des persönlichen Tiefenrekords mit ihrem Leben bezahlt. Direkt neben dem Tauchplatz steht ein Felsen, auf dem zahlreiche Gedenktafeln für die tödlich verunfallten Taucher angebracht sind.

Nach diversen Tauchgängen sehen wir uns ein wenig rund um die Stadt um. Überall entdecken wir Müll, der Wind treibt leere Wasserflaschen und sonstiges Plastik durch die Wüste. In einem Naturschutzgebiet folgen wir Reitern, die vor der malerischen Küste einen Ausritt unternehmen. Doch auch hier wird die Idylle durch jede Menge Plastikmüll gestört, der von den Pferdehufen aufgewirbelt wird. Zwar gibt es immer wieder Appelle, den Müll nicht einfach liegen zu lassen, doch diese scheinen wenig Gehör zu finden. So weht der Müll weiter durch die Wüste und es wird immer mehr.

Red Sea Environmental Centre (RSEC): Für mehr Forschung, Ausbildung und Meeresschutz am Roten Meer

Das Red Sea Environmental Centre (RSEC) ist eine Institution für Forschung, Ausbildung und Umweltschutz am Roten Meer und ein Zweig der Meeresschutzorganisation mare-mundi.eu (in Österreich registrierter Verein). Seit 2003 setzt es sich für mehr Nachhaltigkeit am Roten Meer ein. Wie auf den Seiten dieses Buches dargestellt ist, sind solche Aktivitäten kein Luxus und kein bloßes Freizeitvergnügen, sondern eine dringende Notwendigkeit, wenn die Lebensvielfalt unseres Planeten erhalten bleiben soll.

Das RSEC engagiert sich in zahlreichen Aktivitätsbereichen und bietet Naturfreunden gleich welcher Altersstufe oder mit welchem Vorkenntnisstand unterschiedliche Programme an. Die Arbeit der Meeresschützer konzentriert sich seit 2011 größtenteils auf die meeresbiologische Station des RSEC in Dahab am Sinai, nachdem die zweite Feldstation in El Quseir in Folge des Arabischen Frühlings vorübergehend stillgelegt wurde.

Die Arbeit der Wissenschaftler und ihrer Volontäre steht oft in Verbindung mit dem Gerätetauchen. Eine starke und in der Region etablierte Partnertauchbasis, die Sinai Divers, ist daher eine wichtige Voraussetzung der Aktivitäten. In riffbiologischen Kursen können hier Hobbytaucher die Zusammenhänge verstehen und lernen, was es mit dem bunten Treiben im Korallenriff ökologisch auf sich hat. Die Bandbreite der Kurse ist groß: von einer Stunde bis zu zwei Wochen, von Einsteiger- bis hin zu Spezialkursen. Bei allen Seminaren steht das Tauchen im Vordergrund, geht es doch um das Kennenlernen und die Erforschung der bunten Unterwasserwelt. Theoretische Weiterbildung lässt sich gut als Ergänzung des Tauchurlaubs machen.

Kurze Programme, wie etwa das zwischenzeitlich bekannter gewordene Fluoreszenz-Nachttauchen, dessen Vorreiter am Roten Meer das RSEC war, lassen sich direkt vor Ort organisieren. Studenten können hier mehrwöchige bis mehrmonatige Praktika absolvieren, dabei zum Schutz der Korallenriffe beitragen und viel über diese lernen. Mit der Unterstützung Freiwilliger arbeitet das RSEC an der Umsetzung verschiedener Umweltschutzprojekte und setzt sich für die Erhöhung des Umweltbewusstseins und für mehr Nachhaltigkeit im Tourismus in Ägypten ein.

Nichtstudenten bzw. Urlaubstaucher haben ebenso wie Studenten der Naturwissenschaften die Möglichkeit sich in den Riffschutzprogrammen wie Reef Check (siehe Seite 42) wochenweise zu engagieren. Zusätzlich bietet das RSEC die nötige Infrastruktur, wissenschaftliche und logistische Betreuung sowie Beratung für Bachelor- und Masterarbeiten, Diplomanden und etablierte Wissenschaftler an. Meeresforschung live findet an der Feldstation Dahab laufend statt und jeder Natur- und Meeresfreund kann dabei den Forschern über die Schulter schauen, aktiv beim Riffschutz mitmachen, allerlei Fragen stellen sowie bei einem Biokurs und in einer umweltverträglichen Umgebung das Tauchen lernen.

Kontakt Verein: mare-mundi.eu – Forschungs-, Ausbildungs- und Umweltschutzinstitut.
Sitz bzw. Postanschrift: mare-mundi.eu, Schwarzstraße 33, 5020 Salzburg, Österreich, office@mare-mundi.eu
Kontakt Koordinator RSEC-Feldstation: Dipl.-Biol. Christian Alter, christian.alter@redsea-ec.org, Tel. +49 151 1786 2757
Kontakt RSEC-Feldstation Dahab: Nina Milton (Stationsleiterin in Dahab), nina.milton@redsea-ec.org, Tel. +20-1064258341
Internet: www.redsea-ec.org, www.mare-mundi.eu, www.sinaidivers.com

Auf Wracktour

Neben den berühmten Korallenriffen, die zu den schönsten der Welt zählen, versprechen im Roten Meer zahlreiche Wracks Nervenkitzel und Abenteuer.

Das am häufigsten betauchte Wrack des Roten Meeres ist wohl die *Thistlegorm*. Der 126 Meter lange britische Frachter wurde 1941 von einem deutschen Bomber versenkt. Heute steht das Wrack in 30 Metern Tiefe schräg auf dem Meeresgrund. Die Ladung, Nachschub für die englischen Truppen, ist weitgehend erhalten und kann besichtigt werden. Das gesamte Schiff ist nur wenig zerstört und auch deshalb so einzigartig. Sporttaucher können bei überschaubarem Risiko in die Laderäume vordringen und dort Lastwagen, Jeeps und Motorräder begutachten.

Doch inzwischen ist das Wrack eine ähnliche Touristenattraktion wie das Blue Hole bei Dahab – eine Art überlaufener taucherischer Jahrmarkt. Bei gutem Wetter kann man auf mehr als ein Dutzend anderer Tauchschiffe treffen. Dann wird es in den Laderäumen richtig eng, Taucher versperren sich in den engen Gängen gegenseitig den Weg. Manch einer bedient sich trotz strikten Verbots an der Ladung. »Die Taucher haben dem Wrack mehr geschadet als das Salzwasser in 70 Jahren«, erklärt unser Tauchguide, »aber wir leben ja nicht schlecht von den Ausflügen, solange die *Thistlegorm* nicht in sich zusammenkracht.« Inzwischen sahen sich Umweltschützer genötigt, am Wrack Bojen zu befestigen, an denen die Ausflugsschiffe ankern können. Früher diente dazu die Reling, doch sie ist heute in weiten Teilen abgerissen.

Neben Ausflügen zur *Thistlegorm* sind auch Touren zu den Wracks bei Abu Nuhas sehr be-

Weibchen des Juwelenfahnenbarsches (Pseudanthias squamipinnis). *Das ist eine der häufigsten Fischarten des Roten Meeres – oft treiben riesige Schwärme vor den Riffen.*

liebt. Das Korallenriff in der Straße von Gubal wurde mehreren Schiffen zum Verhängnis. 1869 versank hier die *Carnatic*, 1978 das Frachtschiff *Kimon M*, das unter der Flagge Panamas registriert war, 1981 erwischte es den griechischen Frachter *Chrisoula K* und zwei Jahre später die ebenfalls griechische *Giannis D*. Die Wracks liegen in für Sporttaucher leicht erreichbaren Tiefen, und so erscheint das Risiko berechenbar. Bei Tauchern besonders beliebt sind die *Carnatic* und die *Giannis D*. Die *Carnatic* ist zum Teil zerfallen und wird gern auch als Weinfrachter bezeichnet, da man in ihren Laderäumen unzählige Flaschen entdeckte. Das Wrack ist mit Weichkorallen bewachsen und bietet großen Zackenbarschen, Muränen und anderen großen Fischen Unterschlupf.

Die *Giannis D* wird wegen ihrer Ladung Holzfrachter genannt. Sie liegt in 29 Metern Tiefe auf der Backbordseite und kann auch von innen betaucht werden. So imposant die Wracks bei Abu Nuhas auch sind, ähnlich wie bei der *Thistlegorm* sind die Schäden durch die Vielzahl an Tauchern, welche die Wracks inzwischen besucht haben, unüberschaubar.

Straßenszene in El Quseir. Die Provinzstadt 130 Kilometer südlich von Hurghada wird erst allmählich vom Tourismus entdeckt, weil sich in der Nähe mehrere große Resorts angesiedelt haben. In der alten Zeit befanden sich hier bedeutende Häfen, von denen Handelsfahrten und Expeditionen in den Süden des Roten Meeres und in den Indischen Ozean starteten.

HURGHADA

Tagestouren nach Abu Nuhas werden meist von Hurghada aus angeboten, dem größten Ferienort am Roten Meer. Die touristische Entwicklung verlief hier vielleicht noch rasanter als in Sharm El-Sheikh. Kamen in den Achtziger- und Neunzigerjahren vorwiegend Gäste aus den westeuropäischen Ländern, sind es heute zahlreiche Gäste aus Osteuropa, die Ägypten als preisgünstige Ferienmöglichkeit entdeckt haben. Was touristische Infrastruktur angeht, bietet Hurghada alles: Shoppingcenter, Restaurants, Tauchbasen, große Luxushotels und auch zahllose preiswerte Unterkünfte. Die meisten Gäste verbringen hier einen Badeurlaub, der oft mit einer Kreuzfahrt auf dem Nil verbunden wird. Gleichzeitig ist Hurghada aber auch das Zentrum des Tauchens in Ägypten. Fast alle großen Hotels haben ihre eigene Tauchbasis und Tauchschiffe, die zu den berühmten Riffen der weiteren Umgebung fahren. Dazu kommen etliche Safariboote, mit denen man Ausflüge zu den Brother Islands und den weniger berührten Riffen im Süden des Landes unternehmen kann.

Ein berühmtes Riff bei Hurghada ist das Carless Reef. Es ist wie ein Rücken geformt, zudem ragen zwei mächtige Korallentürme weit aus der Tiefe auf. Wir beobachten riesige Tischkorallen, zwischen denen sich Süßlippen und Kaiserfische verstecken. Die größte Attraktion des Tauchplatzes sind mehrere Riesenmuränen, die bis zu 2 Meter lang werden können. Muränen sind Lieblinge der Taucher, doch auf manche Menschen wirken sie bedrohlich, da ihr fast immer geöffnetes Maul ihre scharfen Zähne zeigt. In Wirklichkeit sind Muränen weder giftig noch aggressiv, so lange man sie nicht reizt. Meist bleiben sie in ihren Verstecken, doch am Carless Reef kann man sie des Öfteren in voller Größe bewundern, wenn sie zwischen den Korallentürmen hin und her schwimmen.

Andere berühmte Riffe in der Nähe Hurghadas sind Umm Gamar, Abu Ramada, Shaab El Erg und viele weitere. Jedes Riff hat seine eigenen Besonderheiten und lohnt einen Besuch. Stehen die Winde günstig, verteilt sich der Tauchtourismus auf die zahlreichen Tauchplätze rund um die Stadt. Bläst er zu stark, werden gern die Giftun-Inseln angesteuert. An manchen Tagen sieht man hier dann über 100 Tauchboote dicht an dicht nebeneinander liegen. Eigentlich sind die Giftun-Inseln offiziell ein geschützter Naturpark. Doch angesichts der Massen von Besuchern auf den recht kleinen Inseln scheint wirksamer Schutz unmöglich. Die zahllosen Ausflugsgäste und Tauchermassen machen den Riffen der Umgebung zu schaffen. Wer Pech hat, begegnet zu den Stoßzeiten mehr Tauchern als Fischen. Zudem beobachten wir, wie auch unerfahrene Taucher im offenen Meer unterwegs sind. Oft werden sie mit Billigangeboten geködert und vom Tauchlehrer ein wenig unter Wasser gedrückt. In einer Region mit viel Schiffsverkehr kein ungefährliches Unterfangen.

Besuch bei der HEPCA

Der Expansion des Tauchtourismus hinkt (nicht nur) in Hurghada und Ägypten die Bereitschaft hinterher, etwas für die Umwelt zu tun. Da den Tauchbasen auf Dauer nur gesunde Riffe ein Auskommen ermöglichen, wurde auf Betreiben verschiedener Tauchschulen und Tauchreiseveranstalter die Hurghada Environmental Protection and Conservation Association, kurz HEPCA gegründet. In den Anfangsjahren wurde die Organisation belächelt, doch inzwischen hat sie in Ägypten beträchtlichen Einfluss. Bei einigen Projekten mag ihre Arbeit umstritten sein, doch der Erfolg beim Riffschutz spricht für sich. Den Mitarbeitern gelang es, das größte Bojensystem der Welt zu errichten – in der Tauchbranche ein Meilenstein in puncto Umweltschutz. Früher war es üblich, bei jedem Tauchgang zunächst einmal den Anker des Tauchbootes auf das Riffdach zu werfen. Dass dabei immer wieder imposante und wunderschöne Korallen vernichtet wurden, galt als Randproblem. Erst als es für viele Riffe fast zu spät war, wurde das Problem erkannt.

Die HEPCA begann mit dem Setzen von Bojen, an denen die Tauchschiffe umweltschonend festmachen können. Heute findet man sie an jedem Tauchplatz. Mehr als 1.600 Bojen wurden inzwischen verlegt. Wir begleiteten die Umweltschützer auf einer Reparaturfahrt in der Nähe von Hurghada. Mit Presslufthammern und anderem schwerem Gerät werden die Bojen fest auf dem Meeresgrund verankert. »Eigentlich ist unsere Methode narrensicher«, erklärt uns ein Monteur, »aber manchmal machen wie hier bei den Giftun-Inseln zehn Boote auf einmal an nur einer Boje fest. Das ist zu viel – und dann reißt sie.« Ob das öfter vorkommt, fragen wir nach. »Ja, vor allem wenn der Wind stark bläst und alle nach Giftun fahren, haben wir das Problem öfter.« Neben dem Setzen von Bojen trug die Organisation auch mit dazu bei, dass Meeressouvenirs aus den Basaren wenigstens teilweise verschwunden sind. Bei unseren ersten Reisen ans Rote Meer sahen wir noch Regale voller ausgestopfter Haie und Unmengen Kugelfische, die ausgehöhlt und aufgeblasen als Wohnzimmerlampen verkauft wurden. Diese Geschmacklosigkeiten scheinen zum Glück mehr und mehr ein Relikt der Vergangenheit zu werden, zumindest in Westeuropa sind solche Mitbringsel weitgehend aus der Mode gekommen. Auch die Artenschutzgesetze wurden strenger. Bezüglich mancher osteuropäischer (und auch südeuropäischer) Länder hoffen zwar Naturschützer auf eine ähnliche Entwicklung, doch das wird noch Zeit brauchen und unzähligen Meeresbewohnern weiterhin das Leben kosten. Denn viel zu stark steht noch das undifferenzierte Konsumverhalten im Mittelpunkt und das Bewusstsein für die Notwendigkeit des Umweltschutzes ist viel zu wenig ausgeprägt.

Weitere aktuelle Projekte der Umweltorganisation befassen sich mit dem Delfinschutz, der Aufklärung hinsichtlich der oft stark übertriebenen Angst vor Haien (z. B. nach den Haiangriffen im Herbst 2010 in Sharm El-Sheikh) und auch der Abfallproblematik, die überall an der Küste des Roten Meeres eine entscheidende Rolle spielt. Die HEPCA versucht des allzu sorglosen Umgangs mit Plastiktüten und Plastikflaschen Herr zu werden, was zur Zeit allerdings als kaum zu bewältigende Herkulesaufgabe erscheint.

Nicht nur in Hurghada expandierte der Tourismus in den vergangenen Jahrzehnten. Überall entlang der Küstenstraße entstanden neue Hotels. Etwa 20 Kilometer von Hurghada entfernt

wurde sogar eine neue Stadt für den gehobenen Tourismus gegründet. Der ägyptische Unternehmer Samih Sawiris schuf ein luxuriöses Refugium für wohlhabende Gäste, die hier eine Eigentumswohnung kauften oder in den zahlreichen Luxushotels logieren. Zu gehobenen Preisen bietet El Gouna den Besuchern alles, was sich verwöhnte Gäste aus den reichen westlichen Ländern nur wünschen können: einen riesigen Golfplatz, ein Krankenhaus nach westlichem Standard, ein eigenes Telefonnetz und sogar einen kleinen Privatflughafen. Nobel lässt es sich in den rund 100 Restaurants speisen, und auch Taucher finden eine perfekte Infrastruktur mit eigener Dekompressionskammer vor. Der Ort ist so strukturiert, dass man ihn nach der Anreise gar nicht mehr verlassen muss und in Versuchung gerät, seinen kompletten Urlaub hier zu verbringen. Von der Armut im Rest des Landes bekommt man in El Gouna nichts mit. Man bleibt wohlbehütet unter Seinesgleichen. Eine Entwicklung im Tourismusgeschäft, die es in ähnlicher Form inzwischen in zahlreichen Ländern gibt.

EL QUSEIR

Von Hurghada brechen wir in Richtung Süden auf. Unser Ziel ist die Hafenstadt El Quseir etwa 130 Kilometer weiter südlich – eine sowohl historisch bedeutende Stätte (hier befand sich vor Jahrtausenden der heute verlandete Hafen Myos Hormos), als auch eine aus der Sicht der Wissenschaftsgeschichte. Denn hier lebte jahrelang der deutsche Arzt und Naturforscher Carl Klunzinger, der maßgeblich und nachhaltig die Erforschung des Roten Meeres und seiner Korallenriffe prägte. Die gut ausgebaute Straße führt am Meer entlang. Immer wieder sehen wir Rohbauten und Betonskelette von halbfertigen

Urlaubsanlagen. Viele Ägypter hoffen, dass es nach den Wirren des Arabischen Frühlings und dem Ende der Krise wieder weiter aufwärts geht und sich der Tourismus weiter entwickelt.

In Safaga legen wir einen Zwischenstopp ein. Die Stadt hat den ältesten Hafen des Roten Meeres, der schon zur Zeit der Pharaonen genutzt wurde. Heute dient er tausenden zur Einschiffung nach Saudi-Arabien. Meist sind es Pilger, die sich zur Hadsch nach Mekka begeben. Auch rund um Safaga hat sich der Tourismus entwickelt. An den ausgedehnten Stränden entstanden Luxusanlagen wie Makadi, Kalawy und Soma Bay. Taucher finden vor der Küste schöne Korallenriffe, die etwas weniger überlaufen sind als die Riffe vor Hurghada.

Doch wir halten uns nicht lange auf und fahren nach El Quseir weiter. Der Name bedeutet »kleine Burg«, und natürlich finden wir in der Stadt eine Festungsanlage. Das osmanische Fort wurde im 16. Jahrhundert errichtet. Eine genauere Betrachtung verdient die Wasserspeicherung. Bis vor hundert Jahren war dies das einzige Reservoir im weiten Umkreis. Eine Quelle gab es jedoch nicht. Das kostbare Nass wurde von Aden aus über das Rote Meer per Schiff importiert. Heute übernehmen bei den Luxushotels energiefressende Meerwasserentsalzungsanlagen diese Aufgabe. Sogar Golfplätze werden mitten in der Wüste bewässert.

Wer einen Eindruck vom früheren Leben in Ägypten bekommen möchte, kann einen Spaziergang entlang der Hafenpromenade und den angrenzenden Gassen unternehmen. Hier findet man noch einige alte Häuser mit kunstvoll verzierten Fensterläden und eine alte Moschee. Selbst die Polizeistation ist in einem historischen

Der Fischadler (Pandion Haliaetus) *ist ein treuer Begleiter der Taucher, Schnorchler und Küstenwanderer entlang der Ufer des Roten Meeres. Er nutzt geschickt menschliche Bauten, Leuchttürme und auch am Riff liegende Schiffswracks als Behausung und Stützpunkt. Kein Wunder also, dass auch manche Tourismusresorts, so das bekannte Mövenpick bei El Quseir, zur Freude der Besucher einem eigenen Fischadler-Pärchen Zuflucht bietet.*

Gebäude untergebracht. In El Quseir besuchen wir eine Schule, in der Umweltschutz auch praktisch gelehrt wird. Den Lehrern ist es wichtig, dass gerade die junge Generation lernt, sparsam mit den Ressourcen umzugehen. So wurde in der Stadt Kubikmeter um Kubikmeter Plastikmüll eingesammelt und zu einer Art Wertstoffhof gebracht. Dazu gibt es Aufklärungsprogramme zum Müllrecycling und zur Müllvermeidung.

Die El Qadim-Bucht als Vorzeigeprojekt

Zum Glück ist es heute für die modernen Resorts und Hotels fast schon ein Muss und ein Teil der Vermarktungsstrategie, sich einen schonenden Umgang mit der Natur auf die Fahnen zu schreiben. Zwar bleibt es dabei immer noch oft genug bei Lippenbekenntnissen und ökonomische Zwänge sind sicher eine Realität, doch dieser Wettbewerb sollte sich auf jeden Fall positiv auf den Naturschutz auswirken. Mehrere Hotels in der Nähe von El Quseir werben mit Naturschutz und Ökologie. Eine Vorreiterrolle spielte dabei das beliebte Mövenpick-Resort.

Ein eindeutiger Wettbewerbsvorteil des Hauses anderen Resorts gegenüber ist eine kleine Bucht, die bereits in der altägyptischen Zeit und später in der Antike als Myos Hormos bekannt war und als Hafeneinfahrt zu einer Lagune diente. Warum das so außergewöhnlich ist? Weil fast der gesamten ägyptischen Rotmeerküste ein mehr oder weniger kompaktes Saumriff vorgelagert ist. An den meisten Tagen des Jahres stoßen Wind und Wellen gegen dieses Riff – denkbar schlechte Bedingungen für die Schifffahrt und das Anlegen von Häfen. Die wenigen dafür geeigneten

Stellen, an denen kleine Einbuchtungen das Saumriff durchstoßen, liegen fast ausnahmslos in Ausmündungsbereichen großer Wadis. Wadis sind Trockentäler, eine Bezeichnung, die jedoch einer irreführenden Momentaufnahme gleicht. Im Zeitraffer, in Maßstäben von Jahrzehnten und Jahrhunderten, verwandeln sich diese Täler manchmal in reißende Flüsse. Sie schwemmen dann Felsen, Geröll und große Mengen an Sediment ins Meer, was riffbildende Steinkorallen nicht ertragen. Ihr Wachstum in diesen Bereichen ist verkümmert, und eine Unterbrechung des Saumriffs ist die Folge. Es war naheliegend, dass bereits die ersten Seefahrer und Fischer diese Stellen als Häfen oder Hafeneinfahrten nutzten. Das Mövenpick-Resort, die Tauchbasis und die Gäste profitieren bis heute davon. Wenn in Sichtweite gelegene Resorts längst die rote Fahne hissen, weil stürmische Bedingungen das Betreten des Riffs zu gefährlich machen, können die Gäste der El Quadim-Bucht oft noch tauchen, schnorcheln und baden.

Lange Jahre wurde die Tauchbasis im Mövenpick-Resort von der Schweizer Firma SUBEX betrieben. Das Unternehmen ließ eine Verträglichkeitsuntersuchung durchführen, um festzustellen, wie viele Taucher das Riff täglich verträgt, ohne größere Schäden zu nehmen. So wurde auch der Begriff »Öko-Bucht« geprägt: Die Zahl der Tauchgänge wurde limitiert, und pro Tag durften nur 124 Taucher ins Wasser. Zwar kam bei Stoßzeiten durch die Tauchbeschränkung nicht jeder Gast so oft wie er wollte ins Wasser, mancher Taucher wurde abgewiesen, und da es um Geschäfte ging, gab es auch Diskussionen mit dem Hotel. Doch es war ein Anfang, der den anderen Hotels und der Tourismusbranche zeigte, dass es nach dem Motto »Klasse statt Masse« auch anders ging und dass Schutzmaßnahmen

für das sensible Riff unerlässlich sind. Bis heute hat das Hausriff einen guten Ruf. Viele Gäste kommen immer wieder. Ein großer Fortschritt (andere Resorts zogen damit bald nach) war die Fertigstellung des langen Stegs bis zur Riffkante, wo der Einstieg ins Wasser wartet. Anschließend kann man entlang der Riffkante abtauchen oder schnorcheln und sich von der Korallenwelt verzaubern lassen. Der flache Bereich ist durch Seile abgetrennt, so dass man nicht auf die empfindlichen Korallen treten kann. Außerdem achten unzählige strenge Augen darauf, dass das Riff nicht betreten wird.

Die Meinungen über den Fischreichtum der Bucht gehen auseinander. Es ist nicht bloß das Problem dieser Bucht und dieses Resorts, sondern eines des Roten Meeres und Ägyptens generell. Wir konnten mit den Meeresbiologen des während unseres Besuchs hier angesiedelten RSEC (siehe Seite 32) oft beobachten, wie nur wenige Meter hinter dem Hotelgelände Einheimische mit Netzen über das Riff laufen und an der Riffkante die faszinierendsten Riffbewohner, die wir tagsüber bewunderten, aus dem Meer holen. Das Rote Meer hat extrem wenige Nährstoffe – darum erscheint es durch sein klares, transparentes Wasser Tauchern und Schnorchlern so ideal. Das bedeutet aber zugleich, dass die Produktivität des Meeres äußerst gering ist. In den meisten Regionen gibt es kaum eine Hochseefischerei, denn das offene Meer gleicht meereskundlich gesehen einer Wüste. Das Leben konzentriert sich wie ein schmaler Saum vor allem auf das Riff. Hier und in seiner Nähe spielt es sich umso mehr in seiner unfassbaren Buntheit, Vielfalt und Schönheit ab. Lange Zeit galt es als biologisches Geheimnis – bereits Charles Darwin beschäftigte sich damit –, wie ein nährstoffarmes Gewässer eine solche bunte Vielfalt hervorbringen kann. Doch heute weiß man, dass der scheinbare Widerspruch nicht nur im Korallenriff, sondern auch etwa im tropischen Regenwald oder auf unseren Bergwiesen gilt: Wo große Artenvielfalt herrscht, dominiert oft der Mangel, wo hingegen übermäßig viele Nährstoffe in den Lebensraum gelangen, geht die Biodiversität zurück.

Gerade am Riff ist das Leben aber auch besonders verletzlich. Nichts ist einfacher, als den schmalen Streifen entlang des Riffs mit Netzen abzufischen. Und genau das machen die Fischer nur wenige Meter rechts und links der geschützten Resort- und Retortenbereiche, in denen man das Riffdach nicht einmal mit der kleinen Zehe berühren darf. Die Fische werden anschließend oft genug an die Resorts selbst verkauft – oder gelangen auf Umwegen dorthin. Am Abend schmücken die Bewohner des Riffs, darunter auch die bedrohten und immer seltener werdenden Haie, die Restaurants und die Touristenmeilen. Für viele ist es die größte Selbstverständlichkeit, die in keiner Weise hinterfragt wird, dass es sich für den Urlaub am Meer gehört, einen Fisch zu konsumieren. Wesentlich weniger Besucher fragen sich, wie das eigentlich auf lange Sicht

funktionieren kann. Ein Korallenriff ist trotz seiner Artenvielfalt kein unbegrenztes Fischereigebiet, ganz im Gegenteil, oft ist der »Lebensbereich« bloß 10 oder vielleicht maximal 50 Meter breit. Mit der Fischerei in hochproduktiven Meeresgebieten, in denen hunderttausende Tonnen an Fisch herausgeholt werden, lässt sich ein Riff nicht vergleichen (selbst in diesen hochproduktiven Gebieten brechen die Bestände in Folge des Raubbaus zusammen). Es ist unmöglich, diese beiden völlig konträrer Bedürfnisse der Gäste ökologisch nachhaltig zu befriedigen: tagsüber einen möglichst unüberschaubaren Fischreichtum beim Tauchen und Schnorcheln im Riff zu garantieren und abends einen ebenso kaum überschaubaren Reichtum von den schier endlosen Büffettischen zu konsumieren. Dieser Widerspruch macht sich in der so genannten Öko-Bucht genauso bemerkbar wie überall sonst am Roten Meer. Vom einstigen Fischreichtum der Riffe, wie er sich den Pionieren der Taucherei vor 40 Jahren und mehr präsentiert hat, ist vielerorts nicht mehr viel übrig geblieben.

Der Rückgang der Fischbestände hat fatale Folgen für das Riff und kann sogar sein Ende bedeuten, ein Phänomen, das auch die Wissenschaftler des RSEC untersucht haben. So spielen etwa die algenfressenden Doktorfische eine ökologische Schlüsselrolle, wie Forschungen der letzten Jahre gezeigt haben. Wenn sie nicht mehr in ausreichender Zahl das Riff abweiden, überwuchern die Algen allmählich die Korallen, die das langfristig nicht überleben.
Es gäbe nur eine sinnvolle Lösung: In der Umgebung der Resorts ausreichend lange Küstenabschnitte von mehreren Kilometern unter völligen Schutz stellen, an denen jede Fischerei oder sonstige wirtschaftliche Nutzung mit Ausnahme des Schnorchelns und Tauchens verboten wäre.

*Typische Bewohner des Roten Meeres: Masken-Falter-
fische* (Chaetodon semilarvatus) *schwimmen oft wie
für Falterfische charakteristisch paarweise. Sie sind im
Roten Meer endemisch, kommen also nur hier vor.*

Mehrere Resorts könnten sich dann ein solches Schutzgebiet teilen, und die Besucher würden genau das vorfinden was sie suchen – die bunte, faszinierende Vielfalt der Meeresbewohner. Die Fischbestände könnten sich in diesen Bereichen erholen und als »Reservoir« für die befischten Küstenabschnitte dienen. Doch bisher hat es kaum ein Resort geschafft, diese einfache und einzig sinnvolle Maßnahme in Kooperation mit den örtlichen Behörden und anderen Resorts umzusetzen. Stattdessen schmückt man sich in einem beschränkten Bereich des Resortare als mit Öko-Prädikaten, während 5 Meter hinter der Hotelgrenze die reinsten Umweltfrevel passieren (oder auch auf offener See – von dort gelangen Teerklumpen von den Schiffen an die Küste und damit auch an die Luxusstrände).

Doch zurück zum Tauchen: Am Ende der Bucht warten mehrere kleine Grotten, die man zum Teil durchtauchen kann. Jedes Mal entdeckten wir neue Fische, Korallen und weitere Meeresbewohner, die unsere Neugier weckten. Ein besonderes Erlebnis ist ein Nachttauchgang, den man hier problemlos unternehmen kann. Ein

Korallenriff bei Nacht. angestrahlt nur von wenigen Tauchlampen, zaubert eine mystische Atmosphäre herbei, die ihresgleichen sucht. Und wer ein wenig Glück hat, sieht auch Fische, die das Scheinwerferlicht zur Jagd nutzen. Noch mystischer sind die Nachttauchgänge mit Schwarzlicht, das so genannte Fluoreszenz-Nachttauchen, das hier von den Meeresbiologen des RSEC eingeführt wurde.

Die Tauchbasis des Resorts wurde 2011 von SUBEX unfreiwillig in die Hände der Extra Divers übergeben, da der Vertrag ausgelaufen war und nicht verlängert wurde. Der neue Betreiber hat zugesichert, den hohen ökologischen Standard zu halten, ja sogar zu verbessern. Immerhin ist die El Quadim-Bucht zu einem Markenzeichen geworden, für das Taucher eine weite Anreise unternehmen und auch höhere Preise bezahlen. Sie diente anderen Resorts als Vorbild, was einen positiven Wettbewerb in Gang gesetzt hatte. Denn nur nachhaltiger Tauchtourismus ist wirklich gut für das Land Wenn die Riffe hingegen nicht intakt bleiben, verliert das Land seine Zukunftschancen und Existenzgrundlage.

Ein Korallenriff ist ein komplexer Lebensraum, an dessen Aufbau sich unzählige Lebewesen beteiligen – bis zu den Milliarden von unsichtbaren Mikroorganismen, die wir ohne Hilfsmittel nicht wahrnehmen können. Erst die Forschungen der letzten Jahre haben uns geholfen, dieses Wunder des Lebens besser zu verstehen, obwohl wir noch weit davon entfernt sind, alle Zusammenhänge zu begreifen.

Reef Check – für den weltweiten Schutz der Korallenriffe

Faszinierend, farbenfroh und atemberaubend schön: Das artenreichste Ökosystem der Weltmeere ist die Heimat von über 25 Prozent aller Meeresfische. Korallenriffe schützen, ernähren und inspirieren weltweit hunderte Millionen Menschen. Die Gesundheit der Korallenriffe ist darüber hinaus ein besonders sensibler Indikator für die Gesundheit unserer Meere und des Planeten und damit von ganz besonderer Bedeutung. Heute sind die Riffe jedoch in akuter Gefahr.

Die Folgen menschlicher Aktivitäten haben zu einer Krise in bisher nie da gewesenem Ausmaß geführt: Allein innerhalb der letzten zehn Jahre sind 15 Prozent der Riffe weltweit unwiederbringlich zerstört worden! Hier kam die weltweite Riffschutz-Initiative Reef Check ins Spiel, die zum ersten Internationalen Jahr des Riffes 1997 ins Leben gerufen wurde. Reef Check begann als Initiative von Wissenschaftlern, um öffentliches Bewusstsein für die Bedrohung dieses sensiblen Ökosystems zu schaffen und um diese Bedrohung wissenschaftlich zu belegen. Freiwilligen sollte die einzigartige Möglichkeit geboten werden, persönlich und aktiv etwas gegen die Zerstörung dieses gefährdeten Lebensraumes zu unternehmen.

In den letzten Jahren hat sich ein weltweit aktives Netzwerk von Wissenschaftlern, Reef Check-Tauchern und Unterstützern entwickelt. In mehr als 80 Ländern erhebt das Reef Check-Netzwerk Daten, die regional und in der Zentrale von Reef Check in den USA ausgewertet werden. Die internationalen Teams arbeiten mit Gemeinden, Regierungen und Unternehmen zusammen, um Korallenriffe wissenschaftlich zu beobachten, geschädigte Riffe zu rehabilitieren und intakte Riffe weltweit zu erhalten.

Reef Check e.V. Deutschland wurde im Jahre 2001 gegründet und arbeitet derzeit in den Schwerpunktregionen Rotes Meer, Thailand und den Malediven. Reef Check erstellt auch Gutachten, bildet Fachkräfte in Meeresschutzgebieten aus und berät diese bei der Erstellung ihrer Monitoring-Konzepte. Im Rahmen des Eco Action-Programms bietet Reef Check seit 2006 Weiterbildungskurse für Sporttaucher und Tauchlehrer an: »Discover Reef Check«, »Reef Check EcoDiver« sowie »Reef Check-Trainer«-Kurse. Bei den Reef Check-Untersuchungen legt der Wissenschaftler eine 100 Meter lange Leine mit Markierungen in einer Tiefe von 5 und 10 Metern aus. Entlang dieser Leine werden verschiedene Daten aufgenommen. So wird zwischen den drei Bereichen Fische, Invertebraten (Wirbellose) und Substrat unterschieden. Für jeden diese Bereiche werden bestimmte und vor allem leicht zu erlernende Indikatorarten nach genau festgelegten Richtlinien von Sporttauchern aufgenommen.

Korallenriffe sind wichtig für die Zukunft der Erde und wir brauchen die Hilfe jedes Einzelnen, sie zu bewahren. Helfen Sie mit, die Riffe zu bewahren.

Mehr Infos unter:

www.reefcheck.de, www.reefcheck.org
Postadresse: Reef Check e.V. (c/o Wanschura),
Wachmannstr. 25, 28209 Bremen
Fax: 030-484981805, E-Mail: info@reefcheck.de
Koordinator: Dr. Georg Heiss, E-Mail: georg.heiss@reefcheck.de

Eine kleine Garnele klettert auf dem Tentakel einer Anemone. Unter normalen Umständen wäre die Garnele schon längst genesselt, tot und von der Anemone verspeist worden. Doch das Meer ist voller unfassbarer Kooperationen zwischen unterschiedlichsten Kreaturen, aus denen beide einen Vorteil ziehen. Solche Symbiosen bilden die Grundfeste des Korallenriffs.

IM TIEFEN SÜDEN

Von El Quseir aus unternehmen wir weite Ausflüge in den Süden des Landes. Zuerst fahren wir zum Strand von Abu Dabab. Nur wenige Meter vom Ufer entfernt gibt es große Seegraswiesen, auf denen wir einen Dugong oder eine Gabelschwanzseekuh treffen. Er lässt sich weder von uns noch von anderen Tauchern beeindrucken und gleitet langsam über den Grund. Gleiches gilt für mehrere riesige Meeresschildkröten, die wir ebenfalls im Seegras beobachten können. Es handelt sich um die einst »Suppenschildkröten« *(Chelonia mydas)* genannten Reptilien (vgl. Seite 105).

Unglücklicherweise scheint es eine Frage der Zeit, bis die Schildkröten und der Dugong von den Touristenmassen in die Flucht getrieben werden. Immer mehr Taucher kommen zum leicht zugänglichen Strand. Leider gibt es unter ihnen auch Tauchvandalen, welche die Schildkröten anfassen oder sich sogar von ihnen ziehen lassen. Der aufkommende Massentourismus von Schnorchlern und Tauchern setzt auch der Natur außerhalb des Meeres zu. Man muss nur die Straße überqueren, die das weit aufgefächerte Wadi vom Strand trennt. Plötzlich steht man mitten in Müllbergen. In jedem Dornbusch verfangen sich Plastikplanen, leere Zementsäcke und jede Menge Plastikflaschen werden durch den Wind hin- und hergetrieben. Den Touristen entlockt dieser Anblick nach wenigen Kilometern Fahrt nur noch ein müdes, resigniertes Lächeln, Resignation und völlige Unverständnis. Die Frage, die sich jeder stellt: Wie kann man nur so leben? Und wie schafft man es, ein derart vermülltes Land als Urlaubsparadies für Millionen Besucher zu vermarkten?

Ein weiterer berühmter Tauchplatz liegt bei Marsa Alam und trägt den vielversprechenden Namen »Dolphin House«. Hier hat man die Möglichkeit, mit Dutzenden Delfinen zu schnorcheln. Allerdings gibt es inzwischen einige Einschränkungen. Nachdem der »Treffpunkt der Delfine« bekannt wurde, setzte ein wahrer Boom an Ausflugsangeboten ein. Schließlich besuchten Dutzende Boote mit hunderten Tauchern und Schnorchlern täglich die Tiere. Für die Delfine bedeutete dies puren Stress. So wurden Schutzmaßnahmen eingeführt, die streng überwacht werden. Nur noch 100 Taucher bzw. Schnorchler dürfen pro Tag zu den Tieren, man muss sich Tage vorher anmelden und den Tauchplatz um spätestens 15 Uhr wieder verlassen. Es muss eine Gebühr von immerhin 25 Euro entrichtet werden und der Rückzugsraum der Delfine ist durch Bojen vor allzu neugierigen Schnorchlern abgetrennt.

Ein dritter, weit über Ägypten hinaus bekannter Tauchplatz ist das Elphinstone Reef. Es liegt weit vor der Küste und fällt steil in die Tiefe ab. Die besondere Herausforderung liegt an der starken Strömung, von der man sich am Riff entlang ziehen lässt. Am Ende des Tauchgangs sammelt das mittreibende Boot die Taucher wieder ein. Doch wer hier einmal getaucht hat, will wiederkommen. Das Riff ist mit einer ungeheuren Vielfalt an Korallen bewachsen, zwischen ihnen schwimmen die immer seltener werdenden Napoleonfische (die weltweit größten Lippfische), Barrakudas, Muränen, eine große Vielfalt an verschiedensten Rifffischen und Meeresschildkröten. Mit ein wenig Glück, doch leider mit abnehmender Tendenz, sieht man auch Haie, darunter den imposanten Weißspitzen-Hochseehai *(Carcharhinus longimanus)* und manchmal sogar Hammerhaie *(Sphyrna sp.)*.

DIE KANAREN

Eine Gruppe von Großen Tümmlern (Tursi-ops truncatus) nähert sich dem Boot. Begegnungen mit Walen und Delfinen sind für die meisten Menschen ein stark emotionales Erlebnis. Die Meeressäuger schlüpfen mehr als andere Tiere in die Rolle der »Botschafter des Meeres«, sie sind Sympathieträger, die den Menschen deutlich machen, dass wir einen Beitrag zum Erhalt des Lebensraumes Ozean leisten müssen.

DIE KANAREN

Teneriffa, Gran Canaria, Lanzarote, Fuerteventura, La Palma, Gomera und El Hierro – sieben Inseln umfasst der vulkanische Archipel der Kanarischen Inseln mitten im Atlantik. Die Inseln liegen auf der Höhe des südlichen Teils von Marokko und zeichnen sich durch ein angenehm ausgeglichenes Klima aus, das auch in den Wintermonaten zum Besuch einlädt. Oft werden die Kanaren als »Inseln des ewigen Frühlings« bezeichnet. An der Küste fallen die Durchschnittstemperaturen auch im Winter tagsüber nur selten unter 17 Grad, im Sommer steigen sie meist nicht weiter als auf 25 Grad an. Das ausgeglichene Klima verdanken die Inseln dem Kanarenstrom, der die gröbsten Temperaturunterschiede ausgleicht. Zudem halten die Passatwinde die heißen Luftmassen aus der nahen Sahara fern. Allerdings gilt es vor allem auf Teneriffa und La Palma die Topografie zu beachten. Die schiere Höhe lässt hier mehrere Klimazonen entstehen.

Die Sanddünen von Maspalomas im Süden Gran Canarias sind ein bedeutendes Naturschutzgebiet und zugleich Ziel des Massentourismus. Einen mittleren Weg der nachhaltigen Nutzung zu finden ist die heikle Aufgabe der Naturschutzbehörden. Manche ökologisch sensiblen Bereiche müssen auch vollständig vor jeder Nutzung bewahrt bleiben.

Neben dem Klima reizen die einzigartige Flora und auch die Geologie die Besucher. Die Kanaren sind Vulkaninseln, die unterschiedlich alt sind. Lanzarote entstand vor bereits mehr als 20, Teneriffa vor zwölf und La Palma schließlich erst vor etwa zwei Millionen Jahren. Der Vulkanismus ist keineswegs erloschen. Große Eruptionen gab es im 18. Jahrhundert auf Lanzarote und 1971 auf La Palma. Vor El Hierro entsteht gegenwärtig sogar eine neue Insel.

Botaniker entdeckten auf dem Kanarischen Archipel eine hohe Artenvielfalt sowie zahlreiche endemische Pflanzenarten und tauften die gesamte biogeographische Region des ostatlantischen Inseln und Küsten wenig überraschend Makaronesien – die »glückseligen Inseln« (siehe Kasten Seite 49). Die Böden sind zumindest teilweise recht fruchtbar. Bananen und Südfrüchte wie Zitronen, Mangos und Papaya werden ebenso angebaut wie Tomaten, Gurken, Kartoffeln und Wein. Viele Einwohner betreiben im Nebenerwerb ein wenig Viehzucht, die Fischerei spielt traditionell eine wichtige Rolle. Die ursprüngliche kanarische Fauna wird durch Vögel und Reptilien geprägt. Wer Glück hat, trifft auf Kanarenpieper und Kanarengirlitze, die häufigsten Reptilien sind die Eidechsen, die größten die in Küstennähe lebenden Meeresschildkröten, darunter häufig die Grüne Schildkröte (Chelonia mydas).

Die Bevölkerungszahl der Kanarischen Inseln ist in den vergangenen hundert Jahren stetig gestiegen. Heute leben rund zwei Millionen Menschen auf dem Archipel. Die meisten Einwohner haben mit Abstand Teneriffa und Gran Canaria – auf jeder der beiden großen Kanareninseln leben deutlich mehr als 800.000 Menschen. Auf Lanzarote sind es etwa 140.000, auf Fuerteventura an die 100.000, auf La Palma rund 87.000, auf Gomera 23.000 und auf El Hierro schließlich sogar weniger als 11.000.

Auch wenn es auf einigen Inseln noch größere Höfe und Fischereihäfen gibt, der wichtigste Wirtschaftszweig der Kanaren ist seit Jahrzehnten der Tourismus. Jahr für Jahr kommen mehr als neun Millionen Gäste auf die Inseln, um für ein paar Wochen Erholung oder das Abenteuer zu suchen. Jede Insel hat ihren eigenen Charakter und ihre eigenen Attraktionen.

*Ein kleiner Drachenkopf oder Skorpionsfisch be-
äugt den Taucher. Die Fische sind gut getarnt und
lauern auf Beute. Ihre giftigen Flossenstacheln
können schmerzhafte Verletzungen verursachen.*

Makaronesien: die Inseln der Glückseligen

*Viele Menschen müssen bei der Erwähnung dieses
Namens an die italienische Nudelspezialität mit
ähnlichem Namen denken. Andere verwechseln
ihn mit dem nicht existierenden »Makronesien«
– in Anlehnung an die pazifische Inselwelt Mikro-
nesiens. Doch Makaronesien oder Makaronesische
Inseln leitet sich aus dem Griechischen ab: »maka-
rios« bedeutet gesegnet oder glücklich, »nesos«
heißt Insel: gesegnete oder »glückliche Inseln«!*

Dieser Namensgebung werden viele heutige Freunde der Kanaren mit Begeisterung zustimmen. Allein
schon das gesegnete Klima sagt den Allermeisten von
uns mehr als zu! Der Begriff geht auf die erste Hälfte des 19. Jahrhunderts zurück, doch seine ideellen
Grundlagen sind noch viel älter. Schon in der antiken
griechischen Literatur findet man die archaische Vorstellung von den jenseits des Mittelmeers gelegenen
makáron nísoi, was »Inseln der Glückseligen« bedeutet. Noch älter waren die mythologischen Vorstellun-
gen von »elysion« (latinisiert elysium), der »Insel der
Seligen« im äußersten Westen des Erdkreises, die vom
Okeanos umflossen war. Auf diesen begehrenswer-
ten Platz gelangten nur jene, die von den Göttern
geliebt oder denen Unsterblichkeit geschenkt wurde.
Von Urzeiten lag die Traumvorstellung vom paradiesischen Land im Westen. Und immer wieder glaubten
Menschen, in der Insel der Seligen die Kanaren wie-
derzuerkennen.

Sicher ist, dass in der Vegetationskunde und Geobo-
tanik mit Makaronesien das Florengebiet der Inselgruppen vulkanischen Ursprungs im östlichen Zentral-
atlantik bezeichnet wird. Obwohl die Entfernungen
zwischen den Kanaren, Madeira, den Azoren, den
Kapverden und Teilen der afrikanischen Atlantikküste
beträchtlich sind, fanden Naturwissenschaftler zwischen den einzelnen Inseln und Regionen zahlreiche
Gemeinsamkeiten.

Zweifellos wird das schöne Bild von den »Inseln der
Seligen« immer die Kulturgeschichte und unsere Vor-
stellungen von den Kanaren prägen. Und das, obwohl
sie in der zweiten Hälfte des 20. Jahrhunderts leider
vor allem für umweltzerstörerische Baukonzerne,
korrupte Politiker und rücksichtslose Spekulanten zu
den »Inseln der Seligen« wurde, an denen sie sich alle
eine goldene Nase verdienten.

Ein Weißkopfseeadler (Haliaeetus leucocephalus) *im Loro Parque im Norden der Kanareninsel Teneriffa. Dieser Tier- bzw. Themenpark ist eine fixe Größe in der Tourismuswelt der Insel, zwischenzeitlich auch ein wichtiger Arbeitgeber für die lokale Bevölkerung. Ursprünglich wurde er als Papageien-Park angelegt: Loro ist das spanische Wort für Papagei. Wie jeder gute Zoo kann der Loro Parque eine wichtige Aufgabe erfüllen, doch Meeresschützer kritisieren vor allem die Haltung von Delfinen und Orcas.*

TENERIFFA

Uns zieht es zunächst nach Teneriffa, auf die größte Insel der Kanaren. Die Insel hat eine Fläche von etwa 2000 Quadratkilometern, ist an die 80 Kilometer lang und etwa 50 Kilometer breit. Die Städte und Touristenzentren liegen an der Küste, das Inland wird vom mächtigen Massiv des Vulkans Teide geprägt, der 3718 Meter in die Höhe ragt. Die ursprüngliche Bevölkerung bestand bis zum Ende des 15. Jahrhunderts wie auf allen Inseln der Kanaren aus Guanchen. Nach mehreren Kriegen mit den spanischen Eroberern vermischte sie sich schließlich mit den Eindringlingen.

Die ersten Urlauber kamen zu Ende des 19. Jahrhunderts aus England. Schnell sprachen sich die Vorzüge Teneriffas wie das milde Klima und die einzigartige Vulkanwelt herum, so dass es bald Zehntausende, dann Hunderttausende und mit dem Aufkommen des Massentourismus schließlich Millionen wurden. Wer auf dem Flughafen im Süden Teneriffas landet, bekommt schnell einen nachhaltigen Eindruck, wie sehr die Insel heute von ihren Gästen abhängig ist. Beim Anflug überquert man riesige Bettenburgen, beim Ausstieg fühlt man sich wie in einer beliebigen Großstadt. Reisegruppen eilen zu den bereitstehenden Bussen, überall warten Mietwagenfirmen und Taxen, Jets starten und landen im Minutentakt. Wir haben Glück, nicht in der Rushhour angekommen zu sein. So geht es in zügiger Fahrt über die Autobahn in unser Hotel in der Touristenhochburg Playa de las Américas. Einen kleinen Strand finden wir

zwar, doch ansonsten ist alles zugebaut, und das in mehreren Reihen hintereinander. Es ist die reinste Betonwüste, die sich über Kilometer erstreckt und bei deren Anblick man sich fragt, wie man es hier über Wochen aushalten kann. Doch plötzlich hört der Wildwuchs auf, ein paar Baustellen, eine Mauer noch und schon stehen wir in einem Naturschutzgebiet samt angrenzendem Strand. Wir entdecken hier zahlreiche Wolfsmilchgewächse, die im eher trockenen Süden der Insel heimisch sind, aber leider auch jede Menge Müll. Die Ursache finden wir oberhalb des Naturschutzgebietes an der Straße. Hier ist eine wilde Deponie entstanden. Ganze Müllsäcke werden einfach aus dem fahrenden Auto geworfen, halbe LKW-Ladungen mit Bauschutt

achtlos abgeladen. Bei starkem Regen wird der Abfall dann einfach mitten ins Naturschutzgebiet und sogar bis an den Strand gespült.

Auf dem Teide

Wir wollen dem Betonghetto rund um unser Hotel entfliehen und planen einen Ausflug in die Berge. Wer auf den Teide will, sollte früh aufstehen, denn die Anfahrt über die serpentinenreiche Bergstraße dauert Stunden. Quer durch mehrere Vegetationsstufen fahren wir auf über 2000 Meter Höhe hinauf. Schließlich erreichen wir die Caldera, die im Süden, Osten und Westen die Grenze des Nationalparks bildet.

Der Pico del Teide ist ein Schichtvulkan. Seine Hänge sind nur wenig bewachsen. Er erhebt sich aus einer riesigen Caldera mit 17 Kilometer Durchmesser namens Las Cañadas. Seit Ende der 1990er Jahre wird die Einhaltung des Naturschutzes verschärft durch die Anwesenheit von Wildhütern kontrolliert; Wandern abseits der vorgegebenen Wege wird nicht geduldet.

Im Norden begrenzt ihn der mächtige Schildvulkan, dessen Hänge kaum bewachsen sind. Mit 3718 Metern ist der Teide der dritthöchste Inselvulkan der Erde und gleichzeitig der höchste Berg Spaniens. Schon 1954 wurde er samt der umliegenden Caldera zum Nationalpark erklärt. Seit 2007 gehört er zum Welterbe der UNESCO.

in Richtung Gipfel fahren kann, oftmals lange Schlangen bilden. Auch wir werfen einen Blick auf das Informationszentrum. Schautafeln erklären die Funktionsweise des Vulkanismus und die Entstehung der Inseln. Wer will, kann sich auch Filme ansehen oder die verschiedenen Gesteine studieren. Wir nehmen uns ein wenig Zeit und erkunden die Caldera auf einem der zahlreichen Wanderwege. Die Landschaft besticht durch bizarre Felsformationen, erkaltete Lavaströme und ihre eigenwillige Flora und Fauna. Überall sticht uns der Tajinaste, der Teide-Natternkopf ins Auge, der bis zu drei Meter hoch werden kann. Außerdem finden wir das Teidegras, die Teidemargerite und natürlich den Teideginster.

Gern wären wir zu Fuß über den steilen Schotterweg in Richtung Gipfel gestiegen, doch dazu reichen weder Zeit noch Kondition. So nehmen wir die Seilbahn, die uns innerhalb von Minuten auf 3555 Meter bringt. Wegen der starken Klimaschwankungen und oftmals starken Winde ist sie nicht immer in Betrieb. Doch wir haben Glück, die Fahrt verläuft problemlos. Allerdings merken wir oben doch, dass die Luft deutlich dünner ist. Wir verlangsamen unser Gehtempo. Rund um die Gipfelstation haben wir einen herrlichen Ausblick auf den Vulkan und sogar bis zu den anderen Inseln, die sich schemenhaft in der Ferne abzeichnen. Wer will, kann von hier aus noch weitere 160 Höhenmeter bis zur Spitze des Gipfels gehen, Bedingung ist jedoch eine Sondergenehmigung, die man vorher bei der Nationalparkverwaltung oder im Internet einholen kann. Eine verständliche Maßnahme, die verhindert, dass Ströme von Naturfreunden durch die empfindliche Vulkanlandschaft trampeln, zumal die Wanderungen in der Höhe nie ohne jedes gesundheitliches Risiko sind.

Wir haben großes Glück, das Wetter ist gut, die Sicht klar und dennoch sind nur relativ wenige Urlauber unterwegs. Immerhin ist der Nationalpark rund um den Teide mit etwa drei Millionen Besuchern pro Jahr fast immer gut besucht. So gut, dass sich vor dem Informationszentrum oder an der Seilbahn, mit der man noch weiter

Der tropisch anmutende Meerpfau (Thalassoma pavo) aus der Familie der Lippfische ist einer der buntesten Fische des östlichen Atlantiks und des Mittelmeeres. Seine artenreiche Verwandtschaft findet sich vor allem in tropischen Korallenriffen.

Die Unterwasserwelt des östlichen Atlantiks

Wer bereits das Mittelmeer kennt und anschließend bei den Kanaren oder bei Madeira taucht oder schnorchelt, wird sich in einer ihm mehr oder weniger vertrauten Welt wiederfinden. Kleine Unterschiede werden ihm auffallen, doch im Wesentlichen ist Neptuns Reich in diesen beiden benachbarten Meeresregionen recht ähnlich. Das ist kein Zufall: Annähernd die gesamte marine Fauna und Flora des Mittelmeeres stammt nämlich aus dem Ostatlantik.

Vor fünf bis sechs Millionen Jahren trocknete der Mediterran in Folge tektonischer Plattenbewegungen aus und seine ursprüngliche Flora und Fauna ging größtenteils zugrunde. Anschließend öffneten sich die Schleusen von Gibraltar erneut, und das Meeresbecken füllte sich rasch aus dem Atlantik. Mit den Wassermassen kamen auch die Bewohner des großen Ozeans ins Mittelmeer.

Obwohl einem vieles vertraut ist und zahlreiche Arten identisch sind, gibt es auch geringfügige Unterschiede. Was wir bei den Kanaren weniger finden sind die großflächigen, ausgedehnten Seegraswiesen jener Dichte und Blattlänge wie im Mittelmeer. Seegräser sind zwar mit mehreren Arten vertreten, das besonders imposante Neptungras (Posidonia oceanica) aber fehlt, denn diese Art ist im Mittelmeer endemisch und kommt ausschließlich hier vor. Meeresbiologen spekulieren, dass manche ökologische Unterschiede zwischen dem Mittelmeer und dem Ostatlantik zumindest teilweise mit dem Vorkommen oder Fehlen des Neptungrases zusammenhängen.

Der felsige Untergrund ist bei den Kanaren oft dicht mit Algen bewachsen. Diese Gruppe von Wasserorganismen gibt es in drei Variationen bzw. Gruppen: als Grünalgen, Rotalgen und Braunalgen. Die Steilwände und beschatteten Stellen hingegen scheinen mancherorts weniger bunt mit tierischen Wirbellosen bewachsen zu sein, als man es aus dem Mittelmeer

Chromis limbatus, der Atlantische Mönchsfisch: Riffbarsche bilden große Schwärme und sind in vielen tropischen und subtropischen Meeren typische Begleiter von Tauchern und Schnorchlern. Die Planktonfresser stehen gern in der Strömung und schnappen nach kleinen Nahrungsbrocken.

Eidechsenfische fallen durch ihr riesiges Maul auf, das weit hinter die Augen reicht. Zusammen mit den spitzen Zähnen kennzeichnen sie diese Merkmale als Raubfische. Meistens findet man sie auf Sandgrund oder auf einzelnen Felsen, wie sie auf Beute lauern. Die dankbaren Fotoobjekte zeigen wenig Scheu, man kann sich ihnen mit der Kamera problemlos nähern.

Mit Eidechsenfischen verwechselt werden manchmal die Petermännchen, eine kleine Familie von räube-
risch lebenden Fischen, die im Sand vergraben sind und giftige Flossenstrahlen besitzen. Doch das Maul
der Petermännchen ist wesentlich kleiner als jenes der Eidechsenfische. An seichten Sandstränden ist es
empfehlenswert, sich gegen die Stiche dieser Fische durch Wasserschuhe zu schützen.

kennt. Doch zeigen sich dann in kleinen und größeren Höhlen beim genaueren Hinsehen die vielen
Farben der Schwämme, der Krustenanemonen und
anderer Nesseltiere, der Moostierchen, der Röhren-
würmer und all der anderen wirbellosen Meeresbewohner.

Wie die Fauna der Wirbellosen besteht auch die
Fischfauna aus einer Mischung von vertrauten und
neuen Spezies. Die flinken Meerjunker *(Coris julis)*
und Meerpfaue *(Thalassoma pavo)* begleiten den
Besucher der Unterwasserwelt auf vertraute Weise
genauso wie zahlreiche weitere bekannte Lippfische *(Labridae)* – dies ist nach den Grundeln die mit
etwa 500 Spezies die zweitartenreichste Fischfami-
lie überhaupt! Über den Sandgrund verschwindet
der Sandtaucher oder Schermesserfisch *(Xyrichthys
novacula)*, auch ein Lippfisch, blitzschnell im Sand,
was ihm seinen Namen eingebracht hat. Auch der

Seepapagei *(Sparisoma cretense)* lässt sich als einziger
Papageifisch *(Scaridae)* dieser Region häufig blicken.
Dabei fallen die besonders farbenprächtigen roten
Weibchen auf; bei dieser Art sind ausnahmsweise die
Weibchen das auffälligere Geschlecht!

In kleinen Höhlen und an beschatteten Plätzen blicken uns kleine Gruppen von roten Kardinalbar-
schen *(Apogonidae)* entgegen; der Meerbarbenkö-
nig *(Apogon imberbis)* ist uns aus dem Mittelmeer
bestens bekannt. Der Fisch hat als Maulbrüter eine
besonders interessante Reproduktionsbiologie. Zahlreich sind die verschiedenen Säge- oder Zackenbarsche *(Serranidae)*; manche werden wir kennen, andere nicht. Der Liebling aller Mittelmeertaucher, der
Braune Zackenbarsch *(Epinephelus marginatus)*, ist
hier genauso vertreten, öfters in unterschiedlichen
Farbvariationen und mit großen Exemplaren, die im
Mittelmeer selten geworden sind. Vertraut sind uns

Seesterne sind faszinierende Meeresbewohner aus der Gruppe der Stachelhäuter. Mit ihnen verwandt sind Seeigel, Seegurken, Schlangensterne und Haarsterne. Es gibt zahlreiche Arten, aber die abgebildete ist durch die raue Körperoberfläche und die kräftig rote Färbung relativ leicht zu erkennen: der Purpurstern (Echinaster sepositus).

Der Europäische Papageifisch (Sparisoma cretense) ist die einzige ursprünglich auch im Mittelmeer und Ostatlantik vertretene Art der Papageifische. Bei dieser Spezies sind die roten Weibchen bunter als die einheitlich grauen Männchen. Papageifische sind nahe mit Lippfischen verwandt.

Der Rotlippen-Schleimfisch (Ophioblennius atlanticus) ist ein eher großer Schleimfisch, ein Algenfresser, der mit seinen großen Zähnen Algen vom Untergrund schabt. Die artenreiche Familie lebt vor allem in den Küstengewässern tropischer und subtropischer Meere.

auch die kleineren Zackenbarsche aus der Gattung Serranus, die den Taucher auf jedem Schritt begleiten: der Schriftbarsch (Serranus scripta), Beutelbarsch (Serranus hepatus) und Sägebarsch (Serranus cabrilla). Doch ein besonders imposanter und schön gefärbter Meerbarsch kommt auf den Kanaren zusätzlich dazu, der Königs-Sägebarsch (Serranus atricauda).

Wenn der erfahrene Taucher die sicheren oberen 30 Meter verlässt und tiefer abtaucht (nur zu empfehlen, wenn man die entsprechende Ausbildung, Erfahrung und passende Begleitung hat), erreicht er die so genannte Schwachlichtzone des Litorals.

Der imposante Rote Schweinslippfisch (Bodianus scrofa) ist die größte Lippfischart im östlichen Atlantik und erreicht bis über 50 cm Länge. Lippfische schwimmen mit den Brustflossen, haben ein endständiges Maul und wulstige Lippen – allein durch diese Merkmale lassen sie sich trotz der großen Formenvielfalt leicht erkennen

Der Königs-Sägebarsch (Serranus atricauda) *ist ein imposanter kleiner Räuber, der sich wie seine Verwandten auch neugierig dem Taucher nähert, ein Einzelgänger, der Jagd auf kleine Fische und Wirbellose macht.*

Wie im Mittelmeer dominieren die wunderschönen rosa- bis orangefarbenen Fahnenbarsche *(Anthias anthias)* die Steilwände und untermeerischen Türme in dieser Zone. Die prächtigeren Männchen dieser Art mit langen, wie Schleiern ausgebildeten Flossen, sind durch eine Geschlechtsumwandlung aus Weibchen hervorgegangen. Viele halten Fahnenbarsche für Angehörige der nachfolgend beschriebenen Riffbarsche, doch zählen sie systematisch zu den Sägebarschen.

Für Kenner des Mittelmeeres sind Mönchsfische *(Chromis chromis)*, die einzigen mediterranen Riffbarsche *(Pomacentridae)*, die wohl typischsten mediterranen Fische. In riesigen Schwärmen treiben die grauen, bis etwa zehn Zentimeter langen Fische mit großen Schuppen und stark gegabelten Schwanzflossen im Freiwasser unweit der Küsten, Klippen und vorgelagerten Felsen. Bei den Kanaren ersetzt der hellere Atlantische Mönchsfisch *(Chromis limbatus)* seinen Platz. Dunkler und mit leuchtend blauen Streifen geschmückt ist der ebenso häufige Neon-Riffbarsch *(Abudefduf luridus)*.

Zahlreich und für den ungeübten Beobachter nicht immer leicht auseinander zu halten sind die vielen Arten der silbrigen, hochrückigen Meerbrassen *(Sparidae)*. Die allermeisten Arten wie die Goldstriemen *(Sarpa salpa)*, die Zweibinden-Brassen *(Diplodus vulgaris)* mit den zahlreichen Verwandten, Zahnbrassen *(Dentex dentex)*, Goldbrassen *(Sparus aurata)* und all die weiteren kennen wir bestens aus dem Mediterran – und genauso häufig sind sie auch bei den Kanaren. Vorsicht ist bei den giftigen Fischen des Sandgrundes geboten: Nicht alle mediterrane Arten der Peter-

männchen *(Trachinidae)* erreichen die Kanaren, aber das bis zu 50 Zentimeter lange Gestreifte Petermännchen *(Trachinus radiatus)* tut es. In den afrikanischen Subtropen finden sich auch noch weitere ähnliche Spezies. Die Stacheln der ersten Rückenflosse besitzen Giftdrüsen, die Stiche, die neben Verletzungen durch Seeigel zu den häufigsten im Mittelmeer und bei den Kanaren zählen, verursachen extreme Schmerzen!

Dank dem riesigen Maul mit spitzen Zähnen noch grimmiger als Petermännchen sehen die Eidechsenfische *(Synodontidae)* aus. Ihr Maul ist wesentlich größer als jenes der Petermännchen, und der Mundwinkel reicht weiter hinter das Auge. Das macht eine Unterscheidung beider Familien leicht. Während Atlantische Eidechsenfische *(Synodus saurus)* auch überall im Mittelmeer vorkommen, beschränkt sich das Verbreitungsgebiet des Roten Eidechsenfisches *(Synodus synodus)* auf die südlicheren Gewässer des Atlantiks ab den Kanaren. Bei ungeschickter Annäherung verschwinden diese Fische blitzschnell im Sand. Je exponierter, stärker beströmt der Tauchspot ist, desto verheißungsvoller ist er. Der Platz reicht leider nicht aus, um all die verschiedenen Rochen, gelegentlich auch Haie, große Fischschwärme, die unterschiedlichsten Muränen, Schlangenaale, Dorsche, Stachelmakrelen, Trompetenfische, Hornhechte, Seenadeln und Seepferdchen, Grundeln, Schleimfische sowie all die Krebse, Mollusken, Seesterne und weitere Wirbellose zu beschreiben. Auf jeden Fall bieten sich für den naturinteressierten Unterwasserfreund viele Möglichkeiten, die Faunen der zwei benachbarten Meere, des östlichen Atlantiks und des fast geschlossenen Mediterrans, zu vergleichen.

Das wunderbare Klima der Makaronesischen Inseln, zu denen auch die Kanaren, Madeira und die Azoren zählen, lässt Gärten und Parks prachtvoll gedeihen. Ein Besuch in Botanischen Gärten lohnt sich immer. Hier entfaltet ein großer Farn sein Blatt. Farne bildeten gemeinsam mit anderen Pflanzen bereits vor 400 Millionen Jahren riesige Wälder.

Die Inselrundfahrt

Müde, aber gut gelaunt kehren wir am späten Abend von unserer kleinen Exkursion zurück. Für den kommenden Tag haben wir uns eine Inselrundfahrt vorgenommen. Immerhin bietet Teneriffa zahlreiche landschaftliche Reize. Berühmt und sehenswert sind unter anderem die Felsen bei Los Gigantes, das Tal von Masca, der Mercedes-Wald im Anaga-Gebirge, der Barranco del Infierno (Höllenschlucht), der Drachenbaum von Icod de los Vinos und natürlich der botanische Garten in Puerto de la Cruz.

Sehenswert sind für uns aber auch die Altstadt von Santa Cruz, die Kathedrale von La Laguna, die Pyramiden von Guimar und das Museo de la Naturaleza y el Hombre, das Naturkundemuseum in Santa Cruz, in dem auch die Geschichte der ursprünglichen Bewohner der Kanaren, der Guanchen, gezeigt wird. Die Küste ist weitgehend zersiedelt, einheimische Naturschützer klagen schon lange über allzu zweifelhafte Baugenehmigungen und die schleichende Reduzierung des Naturraums. Großer Widerstand regt sich zur Zeit gegen den Neubau eines Industriehafens, der die vor der Küste liegenden Seegraswiesen bedroht. Sie sind die Heimat zahlreicher Meeresschildkröten, die wir unter Wasser gleich mehrfach beobachten können. Wer will, kann die Insel weitgehend auf der Autobahn umrunden. Die Schnellstraße beginnt in Adeje und führt als TF-1 bis Santa Cruz. Von hier aus geht es über die TF-2 bis Puerto de la Cruz. Nur der Westen muss noch über kleinere Straßen befahren werden. Hier findet man auch noch zahlreiche kleinere Orte, die bislang vom Massentourismus verschont blieben und sich als Ausgangspunkte für ausgedehnte Wanderungen eignen.

Die Strände, die wir entdecken, sind eher klein. Eine Ausnahme ist jedoch der Teresitas-Strand nordöstlich von Santa Cruz. Hier in der Nähe des Hafens wurde ein künstliches Ferienparadies geschaffen. Im Meer wurde eine Steinbarriere für ein gefahrloses Badevergnügen errichtet, der Strand mit Unmengen an Sand aus der Sahara künstlich aufgeschüttet. So schafft der goldgelbe Sand aus Afrika die Illusion eines Ferienparadieses unter Palmen, die hier in mehreren Reihen angepflanzt wurden. Die vermeintliche Karibikidylle kommt bei den Urlaubern und vielen Einheimischen gut an. Am Wochenende findet man hier kaum noch ein Plätzchen. Für uns bleibt der auf den ersten Blick zweifellos wunderschöne Teresitas-Strand letztlich nur ein Symbol für den Einfluss des Massentourismus auf die Natur. Dort, wo genügend Nachfrage besteht, wird die Küste eben komplett auf die Bedürfnisse der Gäste zugeschnitten.

Ein Besuch im Park von São Jorge, einer Insel der Zentralgruppe der Azoren, die ebenfalls zu den Makaronesischen Inseln zählen. Viele Menschen leben wie früher von Ackerbau und Viehzucht. Zu den Besonderheiten der Insel gehören so genannte Fajãs, abgelegene Siedlungen mit nur wenigen Einwohnern.

Die Sichtung eines Blauwals (Balaenoptera musculus) *ist für jeden Naturfreund ein unvergessliches Erlebnis:*
Blauwale sind vermutlich die schwersten Tiere, die jemals auf der Erde gelebt haben. Sie sind bis zu 33,6
Meter lang und können 200 Tonnen wiegen.

Wale in Sicht

Nach weiteren Exkursionen ins Hinterland wollen wir zum Abschluss unseres Aufenthalts auf Teneriffa an einer Walbeobachtungstour teilnehmen. Solche Halbtages- oder Tagestouren werden unter anderem im Hafen von Los Cristianos angeboten. Der Ruf der Veranstalter ist unterschiedlich. Einige sind rücksichtsvoll und fahren keinesfalls zu dicht an die Tiere heran, anderen scheinen die Wale und Delfine egal zu sein. Für sie zählt offenbar nur, dass die Touristen ein paar gute Fotos schießen können. Wir erwischen ein Boot, an dem es nichts zu bemängeln gibt. Der Kapitän erklärt während der Ausfahrt, welche Meeressäuger vor den Kanaren leben, wodurch sie bedroht sind und dass er auf die Tiere in jedem Fall Rücksicht nimmt. »Keinesfalls darf man in die Walfamilien hineinfahren«, erklärt er, »und Musik wird ebenfalls nicht aufgedreht.«

Fünf Stunden dauert unsere Tour und führt zunächst entlang der Küste in Richtung der Felsen von Los Gigantes. Hier kann man ein wenig baden, bevor es in tiefere Gewässer geht, wo Wale und Delfine vermutet werden. Auch unsere Tour ist von Erfolg gekrönt. Mehrfach springen Wale und Delfine aus dem Wasser und schwimmen ein paar hundert Meter mit dem Boot mit. Ein faszinierender Anblick und ein echtes Highlight für jeden, der sich an der Natur erfreuen kann. Die Kehrseite besteht aus der schieren Zahl der angebotenen Touren. In der Hochsaison durchpflügen Dutzende Boote das Meer. Immer noch gibt es viele schwarze Schafe bei der Walbeobachtung, doch inzwischen hat ein Umdenken eingesetzt. Auf der Nachbarinsel Gomera betreibt der gemeinnützige Verein M.E.E.R. ein Modellprojekt für sanften Waltourismus. Naturschützer und Reiseveranstalter sitzen als Kooperationspartner im selben Boot. Auf den Touren gibt es umfangreiche Informationen, zudem forschen Wissenschaftler direkt an Bord der Schiffe. In der Forschung besonders aktiv ist die Gesellschaft für das Studium der Wale der Kanarischen Inseln SECAC.

Geliebt und bedroht: Waltiere in den Gewässern der Kanaren

Die allermeisten Besucher wollen gern Waltiere (Cetacea) sehen, wann auch immer sich dazu die Gelegenheit bietet. Wale und Delfine sind grundsätzlich Säugetiere wie wir, was Menschen gelegentlich nach wie vor verwirrt, allerdings solche, die sich dem Leben im Wasser perfekt angepasst haben. Sie leben in einer für uns völlig fremdartigen Welt – den Weiten und Tiefen des Ozeans. Das ist für uns unvorstellbar und macht wohl einen wesentlichen Teil der von ihnen ausgehenden Faszination aus. Neben den häufigen Gemeinen Delfinen und Großen Tümmlern sind vor allem die viel größeren Pilot- oder Grindwale (Globicephala melas) die Stars bei den häufig angebotenen Walausfahrten rund um die Kanaren.

Insgesamt wurden in den Gewässern des Archipels bereits 27 Arten von Waltieren beobachtet. Der durchschnittliche Besucher wird davon mit etwas Glück drei oder vier erblicken können. Die häufigen Grindwale zählen – wie die noch größeren Orcas auch – zur Familie der Delfine, sind aber größer als die Großen Tümmler. Bis zu 50 Kilogramm Nahrung vertilgt ein ausgewachsenes Tier täglich und muss für diese Menge auch etwas leisten: Grindwale tauchen bis zu 600 Meter in die Tiefe ab, um nach Kopffüßern und zum Teil auch Fischen zu jagen. Eine beträchtliche Körpergröße bedeutet im Meer besseren Schutz: Grindwale haben wenige natürliche Feinde, abgesehen vom ebenfalls hier vorkommenden Schwertwal *(Orcinus orca)* und den größten unter den Raubhaien wie den nur gelegentlich vorkommenden Weißen Haien oder Tigerhaien.

Der größte Feind auch dieser Art ist und bleibt jedoch der Mensch, der durch seine rücksichtslose Aktivitäten den nur scheinbar unerschöpflichen Lebensraum der Tiere verändert und beeinträchtigt. Regelmäßig werden Waltiere von den Fähren und Schnellbooten gerammt und sterben dann an den Verletzungen.

Die Verschmutzung der Meere stellt die Hauptbelastung dar. In der Muskulatur, der Leber und den Nieren reichern sich wie bei anderen Prädatoren an der Spitze des Nahrungsnetzes Schwermetalle wie Quecksilber, Blei oder Kadmium an. Fettlösliche Umweltgifte wie PCBs, DDT und weitere werden in der Speckschicht abgelagert. Auf den Färöern, wo Grindwale traditionell gejagt werden, wurde zwischenzeitlich vom Verzehr des Fleisches abgeraten. Dazu kommt die weltweite Belastung des Meeres durch Plastik – immer mehr auch in Form des Mikroplastiks, welches in die Nahrungsnetze gelangt. Giftbeladene Plastik-Nanopartikel finden den Weg in die marinen Lebewesen und letztlich in unsere eigene Nahrung. Doch auch weitere Faktoren spielen eine Rolle: Immer wieder beobachtetes Walsterben auf den Kanaren steht offensichtlich mit militärischen Übungen in Zusammenhang. Lange Zeit blieben die Ursachen unklar. Heute ist man sich jedoch sicher, dass Sonargeräte, die bei militärischen Übungen zur Aufspürung von U-Booten genutzt werden, die Hauptschuld am Tod dieser Tiere tragen. Schon im Zweiten Weltkrieg gab es erhöhte Todesraten. Noch stärker traten sie ab den 60er Jahren auf, als neue Sonarsysteme entwickelt wurden, die mit ihrer Wirkung in große Meerestiefen hinabreichten und über 100 Kilometer weit wirkten. Auf den Kanaren gibt es mehrere Aqua-Parks mit Delfinen, etwa den Loro Parque und das Aqualand (Dolphin Planet) auf Teneriffa. Im Loro Parque findet sich das weltweit größte Becken für Orcas. Unter Naturschützern und Tierfreunden ist die Delfinhaltung zu Unterhaltungszwecken mit Recht umstritten. Ohne eine grundsätzliche Ablehnung von gut geführten Zoos zu propagieren – sie spielen nämlich in der heutigen Zeit eine in mehrfacher Hinsicht wichtige Rolle – ist es wohl umweltbewusster, frei lebende Tiere beobachten zu wollen als solche, die in einem

Betonbecken eingesperrt sind. Eltern könnten sich überlegen, ob es pädagogisch wertvoll sein könnte, als Familie bewusst und geschlossen auf eine Delfinshow zu verzichten, so spektakulär sie auch aussieht und so intensiv sie auch bereits am Flughafen beworben wird. Ein allmählicher Bewusstseinswandel, der nicht allein auf Konsum aller möglichen Angebote basiert, wird sicher die kommenden Jahre prägen (müssen).

Das gilt, obwohl das Whale Watching auch nicht frei von ökologischen Widersprüchen ist und manchmal unsympathische, massentouristische Dimensionen annimmt. Manche Reiseveranstalter halten den Mindestabstand nicht ein, kommen den Tieren zu nahe und bedrängen sie sogar. Dennoch haben die Tiere ungleich bessere Ausweichmöglichkeiten als in einem Becken. Und es ist gut – und das gilt überall auf der Welt –, dass Einheimische mit der Präsentation von frei lebenden Waltieren Geld verdienen können und diese nicht mehr wie früher jagen. Nur so können Menschen nachhaltig und dauerhaft für den Artenschutz motiviert werden, denn auch sie müssen von irgendetwas leben!

Große Tümmler (Tursiops truncatus) *sind überall auf der Welt die Lieblinge des Publikums. Zum Teil hängt das mit ihrem »Gesichtsausdruck« zusammen: Viele Menschen glauben irrtümlich, dass sie ständig lächeln, selbst Tiere in den Delfinarien. Doch diese Delfine haben kein Mienenspiel: Selbst im Tod bewahren sie ihr Aussehen, und Rückschlüsse auf ihre seelische Verfassung sind ein Trugschluss.*

Grindwale oder Pilotwale (Globicephala melas) *sind bei den Kanaren häufig zu sehen. Sie zählen zur Familie der Delfine. Männchen erreichen imposante acht Meter Länge, Weibchen bleiben etwas kleiner.*

LANZAROTE

Mit der Unterstützung der Umweltorganisation SECAC wurde auf Lanzarote ein Walmuseum gegründet, das aus Geldmangel jedoch zeitweilig geschlossen ist. Hier treffen wir uns mit dem Walforscher Vidal Martin. »27 verschiedene Wal- und Delfinarten können wir rund um die Kanaren beobachten. Mit ein wenig Glück sieht man Kurzflossen-Grindwale, Rauzahndelfine, Große Tümmler, Gefleckte Atlantische Delfine und auch Rundkopfdelfine«, erklärt er uns. »Pottwale gibt es auch, doch die sind kaum zu sehen, sie jagen meist in großer Tiefe.« Vidal Martin kümmert sich um den Schutz der Tiere. »Viele wurden von den Schnellfähren, die zwischen Gomera und Teneriffa verkehren, verletzt. Die Fähren jagen mit viel zu hohem Tempo durch das Gebiet, in dem die Tiere in großer Zahl leben. Inzwischen haben die Reedereien mehr Rücksichtnahme versprochen, doch Unfälle gibt es immer noch.« Die Umweltschützer rücken bei Strandungen aus, klären die Besitzer von Ausflugsbooten auf und versuchen auf den Inseln einen schonenden Walbeobachtungstourismus populär zu machen, was zum Teil bereits gelungen ist.

Lanzarote liegt im Nordwesten des Kanarischen Archipels. Spuren des Vulkanismus begegnet man hier überall. Die Insel ist ca. 58 Kilometer lang und 34 Kilometer breit. Die Hauptstadt ist Arrecife, in deren Nähe auch der internationale Flughafen liegt. Man kann Lanzarote inzwischen von zahlreichen europäischen Flughäfen direkt anfliegen, manche Verbindungen führen jedoch immer noch über Gran Canaria. Auf der Insel leben 141.000 Einwohner, was der Insel einen relativ beschaulichen Charakter verleiht. Im Gegensatz zu Teneriffa fällt das trockene Klima auf. Die Passatwinde regnen sich an der relativ flachen Insel nicht ab, wenn es regnet, dann meist zwischen Januar und März. So war die Wasserversorgung vor allem für die Landwirtschaft und den Tourismus lange ein Problem. Das Wasser musste mit Tankschiffen aus Gran Canaria und Teneriffa herbeigeschafft werden. Heute gibt es Meerwasserentsalzungsanlagen, die jedoch einen hohen Energieverbrauch haben. Urlauber sollten auf das aride Klima Rücksicht nehmen und sparsam mit dem kostbaren Nass umgehen.

Im heißen Inneren der Insel

Etwa drei Viertel Lanzarotes sind mit Lava bedeckt. Die 100 Inselvulkane schmücken rund 300 Krater. Besonders beeindruckend ist die mit Lava überdeckte Landschaft des Nationalparks Timanfaya. Wir fühlen uns hier wie in einer unwirklichen Mondlandschaft, die durch Rauch und Feuer geprägt ist. Faszinierend ist auch ein Besuch der Region von El Golfo im Südwesten Lanzarotes. In der Nähe des Fischerdorfes liegt der zum Teil im Meer versunkene Krater des Vulkans Montana de Golfo. Im Krater hat sich eine Lagune gebildet, deren sattes Grün ins Auge sticht. Die Farbe entsteht durch einzellige Algen, die in dem stark salzhaltigen See leben. Leider ist das ökologische Gleichgewicht seit einigen Jahren gestört, die Lagune wird immer kleiner. Sehenswert sind weiterhin die Salinen von Janubio, das Tal der Tausend Palmen bei Haria, aber auch der Tropical Park bei Guinate und La Geria und das Weinanbaugebiet der Küste.

Lange blieb Lanzarote von den typischen Bausünden des Massentourismus verschont. Das verdankt die Insel nicht zuletzt dem Künstler César Manrique, dank dessen Einfluss auf Lanzarote keine Hotelgebäude, die höher als drei Stockwerke sind, errichtet werden durften. Drei Stockwerke bilden ungefähr die Höhe einer ausgewachsenen Palme. So wurde die Entstehung von alles überragenden Bettenburgen verhindert. Allerdings wurde dieses Verbot zum Teil aufgeweicht. Das gilt vor allem für die Region um die Playa Blanca, in der der Tourismus in den vergangenen Jahren stark anwuchs. Hier entstanden auch zahlreiche Schwarzbauten, die eigentlich längst hätten abgerissen werden müssen. »Doch passiert ist nichts, ein wenig Geld wird bezahlt, dann läuft der Hotelbetriebe einfach weiter«, erklären uns spanische Umweltschützer vor Ort. »Es wird Zeit, dass hier richtig durchgegriffen wird, sonst sind die schönsten Ecken der Kanaren bald alle zugebaut.«

Auf Tauchtour

Neben ausgedehnten Wanderungen ist die Erkundung der Unterwasserwelt ein lohnendes Abenteuer. Wir checken bei Island Watersports in Puerto del Carmen ein. Es ist eine kleinere, aber gut ausgestattete Tauchbasis mit einem schnellen Schlauchboot, das uns binnen Minuten zu spannenden Tauchplätzen fährt. Unter Wasser setzen sich die spektakulären Felsformationen mit Steilwänden, kleinen Höhlen und Grotten fort. Einen Tauchgang wert ist die Anemonenwand, die an die 30 Meter in die Tiefe fällt. Die Steilwand ist mit Krustenanemonen dicht bewachsen. Die Kathedrale ist eine große Grotte, in die man an die 20 Meter hineinschwimmen kann. Hier stoßen wir auf große Zackenbarsche. Taucht man vor der Grotte entlang, entdeckt man auch mit ein wenig Glück riesige Stachelrochen, vor denen man respektvoll Abstand halten sollte. Ein besonderes Erlebnis ist ein Tauchgang in die Gambahöhle. Hier braucht man schon eine gehörige Portion Taucherfahrung, da der Eingang in nahezu 40 Metern Tiefe liegt. Wer ein paar Meter in die Höhle hineinschwimmt, ist plötzlich von zahllosen Garnelen umgeben, die durch den Lichtschein der Tauchlampen schwimmen. Nach kurzer Zeit kommen große Zackenbarsche, die unsere Tauchscheinwerfer als Jagdhilfe nutzen. Bei der Erforschung der Unterwasserwelt vergehen die Tage wie im Fluge.

Zu den ständigen Begleitern bei Bootsausflügen zählen die Möwen, exzellente Flieger, die als Mittelmeermöwen (Larus michahellis) *eingestuft werden.*

Lohnenswert sind auch ausgedehnte Touren rund um die kleinen vorgelagerten Inseln, die heute unter Naturschutz stehen. Bleibt beim Tauchgang genügend Zeit, helfen wir bei der Zerstörung von Seeigeln, die einst aus der Karibik eingeschleppt wurden, sich heute mangels natürlicher Feinde massenhaft ausgebreitet haben und das Unterwasser-Ökosystem gefährden.

Die Variable Sternschnecke (Hypselodoris picta) *ist eine imposante Nacktschnecke, die man in diesem Teil des Atlantiks häufig findet und die 13 Zentimeter Länge erreicht.*

GRAN CANARIA

Gran Canaria ist eine weitere Station unserer Entdeckungsreise durch die Kanaren. Nach Teneriffa und Fuerteventura ist es die drittgrößte Insel des Archipels. Sie ist nahezu kreisförmig und hat mehr als 800.000 Einwohner, von denen rund 46 Prozent in der Hauptstadt Las Palmas leben. Wie auf Teneriffa und Lanzarote ist der Tourismus mit Abstand der wichtigste Wirtschaftszweig. Jahr für Jahr besuchen nahezu drei Millionen Touristen die Insel. Fast alle reisen mit dem Flugzeug für eine, zwei oder drei Wochen an. Allerdings ist Gran Canaria auch bei älteren Gästen, die den ganzen Winter über bleiben, sehr beliebt. Eine große Zahl von Apartements gehört Ausländern, die es regelmäßig auf die Insel zieht, vor allem in den Süden. Fast jeder Reiseveranstalter bietet Zimmer und Apartements in den Ferienorten Playa del Inglés, Maspalomas, Puerto Rico oder San Agustín an. Auch wir mieten uns in einem Mittelklassehotel an der Playa del Inglés ein. Die Anfahrt vom Flughafen über die gut ausgebaute Autobahn ist schnell erledigt. Zu den Bettenburgen auf Teneriffa sehen wir kaum einen Unterschied; auch hier sind die Ferienzentren komplett zubetoniert. In Maspalomas sind manche ältere Anlagen bereits verfallen, da sie den Gästen nicht mehr schick genug sind, während in der Nähe der Strände nach wie vor neue gigantische Luxushotels entstehen. Gleiches gilt für manche veralteten Shopping- und Vergnügungszentren. Sie verkommen, während ein paar Kilometer weiter dem Zeitgeist entsprechende Anlagen entstehen. Noch, so scheint es, ist der Bauwahn auf Gran Canaria nicht gestoppt, auch wenn der Tourismus regional eher stagniert. Wie auf Teneriffa finden wir künstlich angelegte Strände, auch die Probleme mit der Müllentsorgung sind ähnlich.

Insel der zwei Gesichter

Gran Canaria ist eine Insel mit zwei Gesichtern: Einerseits zeichnet sie sich durch verschärfte Umweltprobleme in Folge des Massentourismus aus, andererseits durch Reste einer grandiosen Natur an den Dünen von Maspalomas, im Inselinneren und an den Steilküsten der Westküste. Die Dünen bilden die Postkartenidylle der Insel. Sie erstrecken sich über eine Länge von sechs

Kilometern und eine Breite von ein bis zwei Kilometern. Der feine Sand besteht aus zerriebenem Korallen- und Muschelkalk und türmt sich an manchen Stellen Dutzende Meter hoch auf, so dass eine Wanderung recht anstrengend werden kann. Was man auf den Postkartenbildern nicht sieht ist die Umzingelung der Dünen mit Großhotels. Bettenburg reiht sich an Bettenburg. Die Ferienorte Maspalomas und Playa del Inglés wachsen mehr und mehr zusammen.

Berühmt durch die Sanddünen, die in Wirklichkeit nicht aus der Sahara stammen: Maspalomas ist der älteste Ferienort an der Südküste Gran Canarias. Der 68 Meter hohe Leuchtturm El Faro wurde bereits im Jahre 1889 errichtet. Am Leuchtturm findet sich eine Oase, La Charca, in der zahlreiche Wasservögel brüten. Sie steht ebenso wie die Dünen seit 1987 unter Naturschutz.

Der feine Sand der Sanddünen von Maspalomas ist vor allem aus den zerfallenen Schalen von Weichtieren, Korallen und anderen Meerestieren entstanden. Ein Teil besteht aus Material, dass aus der Erosion der Felsenküste stammt oder als Schwemmmaterial durch den Barranco de Fataga transportiert wurde, als dieser noch viel Wasser führte.

Die Dünenlandschaft steht ebenso unter Naturschutz wie ein angrenzendes Feuchtgebiet, in dem viele Wasservögel brüten. Von der »Charca« genannten Süßwasseroase sind es nur wenige Meter zum Meer und der Promenade mit ihren zahllosen Restaurants und Hotels. Obwohl es in den Ferienorten funktionierende Kläranlagen geben soll, ist das Feuchtgebiet schon öfters umgekippt. Die Umweltbelastung durch zehntausende Besucher ist auf Dauer zu stark.

Fährt man ins Innere der Insel, ist der Spuk bald vorbei. In der Gebirgslandschaft, die bis auf 1949 Meter aufragt, kann man ausgedehnte Wanderungen oder Fahrradtouren unternehmen, die in malerische kleine Dörfer führen. Einen Ausflug wert ist die Cueva Pintada, die bemalte Höhle. Erst 1973 entdeckte Ramos Orihuela diese mit geometrischen Malereien verzierte Grotte. Heute ist sie eines der beliebtesten Ausflugsziele Gran Canarias. Vor Ort wird auf anschauliche Weise die Geschichte der Kanaren vor der spanischen Invasion dargestellt.

Im Barranco de Guayadeque liegt ein zum Teil noch bewohntes Höhlendorf. Neben Wohnhöh-

len findet man hier auch ein Höhlenrestaurant und eine Höhlenkirche. Auch die Schlucht ist faszinierend. Sie überwindet auf ihrem Weg zur Küste fast 1500 Höhenmeter. In der Mitte der Insel liegt das Cruz de Tejeda, ein Aussichtspunkt mit – nur bei klarer Sicht – Blick zum Teide auf Teneriffa. Auf dem kleinen Plateau finden sich einige Restaurants sowie ein kleiner Markt, auf dem auf der Insel hergestellte Produkte verkauft werden.

Interessant ist ein Besuch des Staudamms oberhalb von Maspalomas. Uns gefallen auch die Altstadt von Las Palmas und der Fischerort Puerto de Mogán. Hierher zieht es zwar viele Tagesausflügler, doch wer außerhalb der Stoßzeiten kommt, ist dem Charme des Fischerdorfes schnell erlegen. Für viele ist Puerto de Mogán ein kanarisches Venedig, da der Ort von mehreren Kanälen durchzogen wird.

Wer sich für die Flora der Kanaren interessiert, wird im Jardín Botánico Canario Viera y Clavijo in Tafira Alta fündig. Der Garten ist 27 Hektar groß und beherbergt viele der etwa 500 endemischen Pflanzenarten.

THAILAND

THAILAND

Thailand ist das Traumland vieler Rucksacktouristen und Erholungssuchender aus dem Westen: Freundliche Menschen, ein tropisches, warmes Klima, in dem man dem Winter entfliehen kann, phantastisches Essen und günstige Preise – nicht zu vergessen die billigen Massagen. Doch der unkontrollierte Tourismusboom brachte auch eine Menge von Umweltproblemen mit sich.

Für Strandurlauber, Taucher, Wellnesstouristen und auch Naturliebhaber ist Thailand trotz zahlreicher Naturkatastrophen und aller politischer Wirren eines der beliebtesten Reiseziele der Welt. Viele Gäste, die aus Europa oder Amerika anreisen, bleiben mindestens ein paar Wochen, damit sich die weite Anreise nach Südostasien überhaupt lohnt. Immer öfter kommen auch Langzeiturlauber, die im »Land des Lächelns« den Winter verkürzen wollen oder hier inzwischen einen Zweitwohnsitz erworben haben. Das Klima ist tropisch, im Sommer und Herbst bringt der Südwestmonsun hohe Niederschläge, was im Flachland immer wieder zu Überschwemmungen führt.

Inzwischen leben an die 70 Millionen Menschen in dem 513.000 Quadratkilometer großen Königreich, dessen Form auf der Landkarte an einen Elefantenkopf erinnert. Das Bevölkerungswachstum ist seit Jahrzehnten hoch, nach wie vor leben die meisten Thailänder in bitterer Armut. Immerhin ist jedoch das Bildungsniveau in den vergangenen Jahrzehnten stark angestiegen, was sich auch in puncto Umweltbewusst-

sein langsam positiv bemerkbar macht. Anderseits führte das hohe Bevölkerungswachstum zu einem starken Abholzen der Wälder, die früher einen Großteil des Landes bedeckten. Viele Tier- und Pflanzenarten sind in Thailand inzwischen vom Aussterben bedroht oder sogar bereits ausgerottet.

Die meisten Gäste zieht es an die Urlaubsstrände rund um Pattaya, nach Bangkok und in den Süden des Landes. Beliebt sind hier die Ferieninsel Phuket, Krabi, Koh Samui und zunehmend auch das Taucherparadies Koh Tao. Wir konnten Thailand mehrfach besuchen. Uns zog dabei vor allem der Südteil des Landes in seinen Bann. Auf unserer letzten Tour interessierte uns vor allem die Entwicklung nach dem verheerenden Tsunami, der an der Küste der Andamanensee Tausende das Leben kostete und verheerende Zerstörungen hinterließ.

DIE REISE

Unser erstes Ziel ist Phuket. Charterjets aus verschiedenen Ländern Europas fliegen die Ferieninsel direkt an, viele Gäste kommen aber auch via Bangkok hierher. Phuket ist bei sei-

nen Gästen wegen der schönen Strände, aber auch wegen der Kultur und der landschaftlichen Attraktionen beliebt. In den Prospekten der Reiseveranstalter findet sich eine riesige Auswahl an Luxushotels, aber auch an Mittelklasseunterkünften und einfachen Pensionen. Den berühmt-berüchtigten Sextourismus findet man zwar nach wie vor vorwiegend rund um den Patong Beach, doch auch Phuket wandelte sich in den vergangenen Jahren mehr und mehr zum Ziel für Familienurlauber und Naturfreunde. Inzwischen gibt es auf Phuket mehrere Golfplätze und Strandresorts mit auf Kinder zugeschnittenen Angeboten.

Wie immer beginnen wir mit der Erkundung der Umgebung und der Landschaft. Mit einem TukTuk genannten Dreirad kommt man von Strand zu Strand, in die Hügellandschaft und von Tempel zu Tempel. Uns beeindruckt die Tempelanlage von Wat Chalong, in der mehrere buddhistische Mönche verehrt werden. Die weiträumige Anlage besticht durch ihre Architektur und ist weit über die Grenzen der Insel bekannt. Auf einem Hügel steht eine riesige Buddha-Statue, die man sich unbedingt ansehen sollte, und lohnenswert ist auch ein Bummel

durch Phuket-Town. Von den Schäden, die der Tsunami angerichtet hat, sieht man an Land auf den ersten Blick kaum etwas. Nur das Warnsystem mit Wachtürmen und überall ausgewiesene Evakuierungsrouten stechen ins Auge. Ansonsten wirkt alles wie immer, Hotels stehen nach wie vor direkt am Strand und immer noch weht an dicht besiedelten Orten Verwesungsgestank durch die Luft. Nach wie vor funktioniert die Klärung der Abwässer nur schlecht. Wir sehen offene Kanäle, durch die die ekelerregende Brühe ungeklärt in Richtung Meer fließt. Die Gäste an den Hauptstränden bekommen davon nur wenig mit, da die Rohre ein wenig abseits verlegt wurden.

Ein anderes Problem ist die Zerstörung der Korallenriffe vor der Küste. Noch gilt die Region um Phuket als Taucherparadies. Auch wir entdecken wunderschöne Korallengärten und Weichkorallen, tauchen mit Mantarochen und Leopardenhaien. An vielen Tauchplätzen ist die Farbenvielfalt überwältigend. Das gilt besonders bei guter Sicht. Dann zeigt sich die Schönheit der Korallenriffe in ihrer ganzen Pracht. Leider werden die empfindlichen Korallen durch Netze, die über sie gezogen werden, ebenso zerstört wie

Fahrt mit dem Longtail-Boot durch die faszinierende Landschaft von Phang Nga auf der westlichen Seite der malaiischen Halbinsel. Bizarre Felsformationen und Mangroven prägen die Gegend, die zu den wichtigsten Tourismuszielen der Region zählen. In der Nähe befindet sich auch der berühmte James-Bond-Felsen.

durch Bauschutt, der mitunter einfach auf die Riffe gekippt wird. Früher zerstörten auch Taucher durch Flossenschlag und Unachtsamkeit riesige Korallenstöcke. Doch durch Aufklärung und bessere Kontrolle seitens der Tauchschulen hat sich hier einiges zum Positiven verändert. »Wir achten immer darauf, dass unsere Gäste nichts anfassen und auch nichts mitnehmen«, versichert uns der deutsche Tauchschulenbesitzer Jürgen Schenker, den es vor Jahren nach Thailand verschlug. »Die Taucher sind heute weitaus umweltbewusster als noch vor 30 Jahren, als man noch mit Harpunen auf Unterwasserjagd ging. Die größte Gefahr in den tropischen Meeren bleibt die Korallenble che«, ergänzt er. Ganze Riffe können bei einer übermäßigen Erwärmung des Meeres absterben. Anfang des Jahres 2011 waren im Süden Thailands zahlreiche Riffe betroffen und wurden für den Tauchbetrieb gesperrt.

Die Schönheit der Korallenriffe bei den Surin-Inseln ist legendär. Doch bereits wenige Wochen nach unserem Besuch mehrten sich die Berichte, dass die lange andauernden zu hohen Wassertemperaturen zur gefürchteten Korallenbleiche und zum Absterben der Korallen geführt haben. Zahlreiche Umweltfaktoren setzen dem empfindlichen Ökosystem Korallenriff immer mehr zu.

Geradezu unwirklich mutet die Schönheit, Buntheit und die Vielfalt der Korallengärten des Poseidon an. Ein verwirrendes Durcheinander von hunderten oder vielmehr tausenden Arten bildet ein funktionierendes Ganzes. Nirgendwo sonst auf dieser Welt, auch nicht im tropischen Regenwald, lässt sich Biodiversität so eindrucksvoll erleben wie im Korallenriff. Innerhalb weniger Jahrzehnte könnte diese Wunderwelt zugrunde gehen, wenn wir nichts dagegen unternehmen.

Affen, in der Regel handelt es sich um Makaken, kann man in Thailand an zahlreichen Stellen beobachten. Es gibt mehrere »Monkeybeaches« am Meer, Strände, an denen sich die Affen an die Gegenwart des Menschen gewöhnt haben und von ihm profitieren: Sie betteln um Mitbringsel der Touristen, die oft Berge von Verpackungen als Müll zurücklassen. Manchmal fragt man sich, auf welcher Seite eigentlich die größeren Affen stehen ...

DAS KING CRUISER-WRACK

»Wer viele Fische sehen will, taucht am besten in der Nähe versunkener Schiffe«, empfahl uns Jürgen Schenker. »In tropischen Gewässern werden sie oftmals nach ein paar Jahren zu künstlichen Riffen und wachsen vom Bug bis zum Heck komplett zu. Die Kabinen und Decks sind ideale Rückzugsräume für zahllose Fische.« Dies kann man gut am King Cruiser-Wrack beobachten, das zwischen Phuket und den Phi Phi-Inseln auf Grund liegt. Der 85 Meter lange Katamaran lief auf ein Riff und versank innerhalb einer Stunde. Passagiere und Besatzung konnten zum Glück vollständig gerettet werden. Schon bald setzte der Bewuchs mit Muscheln ein. Als wir zum letzten Mal am Wrack tauchten, war von der Stahlhaut nicht mehr viel zu erkennen. Stattdessen entdecken wir Unmengen von Muscheln, die das Wrack mit einer dicken Kruste überziehen.

Wir beginnen unseren Tauchgang auf dem Grund bei den Schiffsschrauben und tasten uns von dort langsam nach oben. Noch besser als die Muscheln gefallen uns die Fischschwärme, die das Leben am Wrack so prall und bunt gestalten. Wunderbare Motive bieten auch die Aufbauten an Deck mit den dort lebenden Rotfeuerfischen, Barschen, Süßlippen und Fledermausfischen. Ein Tauchgang, der seinen ganz eigenen Reiz hat und uns lange in Erinnerung bleibt.

ÜBERFISCHUNG

Fischreichtum wie am King Cruiser-Wrack findet man in Thailand nur selten, da praktisch überall zu viel gefischt wird. Damit wenigstens die Kinder lernen, wie wichtig ein intaktes Ökosystem und Artenschutz sind, wurde im Süden Thailands eine Fischfarm erbaut, die auch zahlreiche Lehrbecken mit den Fischen der Region enthält. Viele Schulklassen haben sich hier bereits über das Ökosystem Korallenriff informiert. Auch wenn die Anlage einfach ist, hat uns das Konzept überzeugt, vor allem aber hatten die Kinder, die wir dort beobachten konnten, viel Spaß. Ein besonderes Problem in Thailand ist das Fischen mit Cyanid (siehe Seite 188), gegen das die Behörden inzwischen zum Glück konsequent vorgehen. Eine perverse Fangmethode, da viele Fische sterben und auch die Fischbrut mit vergiftet wird. Der Handel funktioniert oft auf Bestellung, und für besonders seltene Exemplare aus dem Korallenriff werden erhebliche Summen gezahlt. »Ein Verbrechen an der Natur«, finden auch unsere Tauchguides, »aber die Armut in Thailand und die hohen Preise, die in Hongkong, Europa und Japan gezahlt werden, lassen den Handel florieren.«

Kleine Einsiedlerkrebse sind ein wichtiger Bestandteil des Ökosystems Strand. Ihre Existenz ist vom Vorhandensein leerer Schneckenhäuser abhängig, doch diese werden manchmal restlos von den Touristen aufgesammelt.

PHI PHI ISLANDS

Wer auf Phuket Urlaub macht und sich für die Natur interessiert, sollte unbedingt Ausflüge zu den Phi Phi-Inseln und in den Phang Nga-Nationalpark unternehmen. Von Phuket aus werden Tagestouren, aber auch Exkursionen mit mehreren Hotelübernachtungen angeboten. Auch wir buchen eine Tour und setzen zur Insel Phi Phi Don über. Hier wütete im Jahr 2004 der große Tsunami. Die Schäden sind inzwischen weggeräumt, die Hotels wiederaufgebaut. Warum sie wieder direkt am Strand errichtet wurden, ist für uns unverständlich, da es auf den Phi Phi-Inseln genügend Erhebungen gibt, aber ein Hotel direkt am Strand läuft offenbar besser. Immerhin entdecken wir Warnlautsprecher und Tafeln mit den Evakuierungsrouten für den Ernstfall. Die Phi Phi-Inseln bieten atemberaubende Felskulissen, an denen wir uns nicht satt sehen können. Auch Wanderungen sind möglich. Die schönsten Plätze sind jedoch stark überlaufen. Im ehemaligen Fischerdorf Baan Tonsai regiert der Massentourismus. Ausflugsgruppe um Ausflugsgruppe schiebt sich an den Souvenirläden vorbei, bevor es an den Strand geht. Ein paar Kilometer weiter kann man Affen in freier Wildbahn beobachten. Allerdings sind sie angefüttert und stürzen sich auf die ankommenden Boote, um etwas Essbares zu bekommen. Letztlich ist es ein fast perverser Anblick, wenn die Affen Chipstüten zerbeißen und mit leeren Colabüchsen am verschmutzten Strand spielen.

Traumhaft ist dagegen ein Ausflug auf die unbewohnte Insel Phi Phi Leh. Hier liegt die malerische Maya Bay, die durch den Film »The Beach« weltberühmt wurde. Am Wochenende ist der Rummel groß, doch wir haben Glück und teilen uns die Bucht mit nur wenigen Gästen. Ein schöner Ort zum Ausspannen, Schwimmen und Tauchen.

DER PHANG NGA-NATIONALPARK

Ebenso spannend ist eine Fahrt in den Phang Nga-Nationalpark. Am frühen Morgen geht es per Bus quer durch Phuket in die Provinz Phang Nga auf dem Festland. An der Phang Nga-Bucht angekommen heißt es ins Boot umsteigen. Besonders abenteuerlich ist die Fahrt mit einem überdimensionierten Longtail-Boot. Der Motor der schlanken Schiffe sitzt im Heck, die Schraube ist an einer langen Stange befestigt, die vom Bootsführer ins Wasser gelassen wird und die auch zum Lenken dient. Mit hohem Tempo geht es anschließend durch die Bucht mit ihren steil aufragenden Kalksteinfelsen.

Bis zu 300 Meter ragen die bizarr geformten Felsen in die Höhe, vor manchen liegen malerische Strände, die zum Bad einladen. Der bekannteste Felsen heißt Khao Ta Pu, der Nadelfelsen. Er wurde dank dem James-Bond-Streifen »Der Mann mit dem goldenen Colt« zur Touristenattraktion. Am James-Bond-Felsen befand sich das Hauptquartier des Bösewichts, am Khao Ta Pu wurde die Sonnenenergiewaffe Solex installiert. Von den Filmkulissen ist nichts mehr zu sehen, dafür gibt es für die tausenden Touristen, die sich hier heute täglich vor dem berühmten Felsen fotografieren lassen, zahllose Souvenirstände, die Nepp, aber leider auch seltene Muscheln und ausgestopfte Fische aller Art feilbieten. Ein ähnliches Sortiment finden wir auch in einem Fischerdorf ein paar Kilometer weiter, das von den Ausflugsgruppen gern zum Mittagessen angesteuert wird. Wir fragen unsere Reiseführerin, warum ausgerechnet vom Aussterben bedrohte Muscheln und Fische angeboten werden. »Eigentlich ist das verboten«, sagt sie ein wenig verlegen, »aber die Sachen wurden immer schon

Junge Indische Elefanten werden als Attraktion den Touristen vorgeführt. Oft stehen sie den ganzen Tag in der prallen Sonne, anschließend noch lange, bis in die Nacht hinein, an den touristischen Promenaden, wo sie Unmengen an Bananen verzehren und sich fotografieren lassen müssen. Tierfreunde aus aller Welt sind vom Umgang der überwiegend buddhistischen Bevölkerung mit Tieren manchmal unangenehm berührt.

Ein Abstecher in den Regenwald, hier auf der Insel Koh Ra, ist immer ein großer Erlebnis. Eine faszinierende Tier- und Pflanzenwelt wartet auf die Besucher.

81

verkauft, und die Nachfrage ist da.« Das alles trotz Artenschutzabkommen, was bei mancher Zollbehörde offenbar allzu lax gehandhabt wird. Das eindrucksvollste Erlebnis des Ausflugs in den Nationalpark ist für uns eine Kanutour, obwohl die Route stellenweise einer Autobahn gleicht. Wer sich traut, kann per Paddelboot in die Kalksteinfelsen hineinfahren. Diese sind teilweise innen hohl und durch schmale Höhlen mit dem offenen Meer verbunden. Es ist ein tolles Erlebnis, in den Berg hineinzufahren und im Inneren wieder das Tageslicht zu erblicken. Die hohen Felswände faszinieren uns ebenso wie die Mangroven, mit denen das Ufer bewachsen ist. Nach ein paar Stunden und der Entdeckung mehrerer ausgehöhlter Felsen geht es zurück zu unserem Longtail-Boot, welches uns an den Ausgangspunkt unserer kleinen Nationalpark-Expedition bringt.

Eine Glattechse oder Skink kurz nach dem Erbeuten eines Insekts. Das Land bietet eine große Vielfalt an Kriechtieren und Lurchen.

Unterwegs mit dem Kanu. Die Erosion hat im Kalkgestein bizarre Landschaften geschaffen.

KHAO LAK

Irgendwann fahren wir weiter nach Khao Lak, das etwa 60 Kilometer nördlich von Phuket liegt. An endlosen Stränden hat sich hier eine bei europäischen Urlaubern sehr beliebte Tourismus-Region entwickelt. Der breiten Öffentlichkeit wurde Khao Lak durch den Tsunami 2004 bekannt. Damals starben hier neben vielen Einheimischen auch zahlreiche Touristen. Doch die Hotels sind längst wieder aufgebaut. Neben einfachen Hütten in der Ortschaft findet man direkt am Strand Luxusresorts mit Süßwasser-

Der bekannteste Felsen von Phang Nga heißt Khao Ta Pu, der Nadelfelsen. Er wurde dank dem Film »Der Mann mit dem goldenen Colt« berühmt und zur Touristenattraktion. Von den Filmkulissen ist nichts mehr zu sehen.

pool und allen möglichen Annehmlichkeiten. Was mit den direkt am Strand erbauten Anlagen passiert, wenn es erneut ein größeres Seebeben gibt, malt man sich besser nicht aus. Welche Gewalten dann freigesetzt werden, sieht man eindrucksvoll auf Bildern im Tsunami-Museum des Ortes und am Beispiel des Polizeibootes 813. Das tonnenschwere Schiff wurde von den Wassermassen zwei Kilometer ins Inland gespült, wo es schließlich aufsetzte. Heute ist es ein Mahnmal, das auf die ungeheure Zerstörungskraft des Meeres hinweist.

DIE ECO-LODGE AUF KOH RA

Von Khao Lak führt unsere Reiseroute an der Küste immer weiter Richtung Norden. In einem Fischerdorf zwischen ausgedehnten Mangroven besteigen wir ein kleines Boot und setzen nach Koh Ra über. Auf der kleinen Insel haben Naturfreunde eine Art ökologisches Hotel eröffnet. Gewohnt wird in eher einfachen Hütten, die zum Schutz vor Schlangen und Ungeziefer auf Stelzen stehen. Direkt von der Veranda aus kann

Die Longtail-Boote oder Langschwanzboote sind so etwas wie ein Wahrzeichen Thailands. Sie prägen die Küstenlandschaften und Inselwelten und sind überall in großer Zahl zu finden. Selbst wenn man sie nicht sieht, hört man irgendwo ihr Knattern.

Abends ertönt aus dem Wald das laute Quaken der Frösche, nicht wenige von ihnen klettern hoch auf die Vegetation.

des nahen Dorfes gut bekannt. Man schätzt und hilft sich gegenseitig – sei es beim Brunnenbau oder bei der Ernte. Die Gäste aus der Eco-Lodge kommen gern her, um sich über traditionelle Anbaumethoden, die Fischerei und die Fauna der Insel zu informieren.

man vor allem ab der Dämmerung die Flora und Fauna der Insel erleben. Die thailändische Küche ist einfach, aber wohlschmeckend, Strom gibt es nur zeitweise mit Hilfe eines Generators. Das Faszinierende auf Koh Ra ist, dass die Gäste im Einklang mit der Natur leben. Botanische Exkursionen werden angeboten und wer will, kann auch die einfachen Dörfer der Einheimischen in der Umgebung besuchen. Kim Obermeyer, Gründer der Eco-Lodge, ist mit den Bewohnern

Kim Obermeyer und seine Mitstreiter beteiligen sich auch beim so genannten Reef-Check. Durch eine standardisierte Erfassungsmethode untersuchen dabei Wissenschaftler aus aller Welt tauchend, wie es um die Korallenriffe und den Fischreichtum steht (siehe Seite 42). Rund um Koh Ra ist der Zustand eher ernüchternd. Zusammen mit Kim Obermeyer unternehmen wir einige Tauchgänge. Unter Wasser zeigt er uns etliche abgerissene Fischernetze, die sich um Korallenstöcke gewickelt haben. »Wie prachtvoll es hier früher ausgesehen hat, seht ihr am besten auf den Surin-Inseln«, erklärt er uns. Wir lassen uns nicht lange bitten und unternehmen eine Tagestour in den geschützten Meeresnationalpark.

Tagsüber bewundert man wiederum die enorme Vielfalt und Schönheit der Insektenwelt. Besonders häufig sind die Libellen.

SURIN-INSELN

Die Surin liegen mitten in der Andamanensee etwa 60 Kilometer von der Küste entfernt. Mit dem Boot brauchen wir drei Stunden, entsprechend früh geht es los. Tauchflaschen und Tauchgerät müssen wir mitnehmen, da es auf den Surin-Inseln dafür keine Infrastruktur gibt. Ohnehin sind nur zwei der fünf Inseln, Koh Surin Nua (Nordinsel) und Koh Surin Tai (Südinsel) spärlich besiedelt. Eine Inselgruppe für Naturfans, die hier auf Trekkingpfaden durch die weitgehend unberührte Wildnis wandern können. Die eigentlichen Schönheiten liegen jedoch unter Wasser. Die Korallenvielfalt und der Fischreichtum sind legendär. Bei unseren Tauchgängen entdecken wir wunderschöne Korallengärten, die bis zur Wasseroberfläche reichen, schwimmen mit Schildkröten und sehen kapitale Leopardenhaie. Kim Obermaier hat uns nicht zu viel versprochen: Der Nationalpark bietet eine intakte Unterwasserwelt, die wir sonst in ähnlicher Form nur bei den Similan-Inseln etwa hundert Kilometer weiter südlich vorgefunden haben. Selbst riesige Walhaie wurden hier schon des Öfteren gesichtet. Viel zu schnell vergeht die Zeit, doch am Nachmittag sind die Tauchflaschen leer und unser Bootskapitän drängt zur Rückreise. Was bleibt ist die Erinnerung an ein intaktes Naturparadies, das allerdings nur durch strengen Schutz wie Fischereiverbot und auch Sperrung des Gebietes für Gäste während der Nebensaison erhalten werden kann. Kurz nach unserem Besuch bedrohten zu hohe Wassertemperaturen und Korallenbleiche die wunderschönen Riffe.

KOH TAO

Ein weiteres Tauchparadies liegt auf der Ostseite Thailands. Wir fahren mit dem Bus quer durch das Land zum Fähranleger. Die Fahrt führt an endlosen Kautschukplantagen vorbei, die säuberlich geordnet in Reihe und Glied stehen. Thailand ist der größte Kautschukproduzent der Welt. Gerade im Süden wurden kilometerlange Plantagen angelegt, um den Hunger nach dem Rohstoff für Autoreifen, aber auch Kondome zu stillen. Von der ursprünglichen Vegetation sehen wir dagegen kaum noch etwas. Die einst weiten Wälder sind weitgehend verschwunden. Neben den Plantagen erstrecken sich riesige Reisfelder, in denen Wasserbüffel herumstapfen.

Mit einem riesigen Katamaran setzen wir schließlich nach Koh Tao über. Der Name bedeutet Schildkröteninsel. Die Insel erhielt ihn wegen der früher häufig vorkommenden Meeresschildkröten. Wer Glück hat, kann auch heute noch mit ihnen tauchen, doch die Bestände haben so stark abgenommen, dass Schutzprogramme zu ihrer Bewahrung ins Leben gerufen werden mussten.

Koh Tao liegt isoliert mitten im Golf von Thailand. Die Insel war lange Zeit unbewohnt und diente von 1933 bis 1947 als Gefängnisinsel. Erst danach setzte eine planmäßige Besiedlung ein. Der Tourismus begann sich erst in den Achtzigern des vergangenen Jahrhunderts zu entwickeln – dann aber in einem rasanten Tempo. Zuerst entdeckten Rucksackreisende die vergessene Insel, einige Jahre später wurden die ersten Hotels errichtet und der Massentourismus hielt Einzug. Vor allem Taucher kommen in Scharen. Dutzende Tauchschulen buhlen um Kundschaft, Hotel wird neben Hotel gebaut, ein Netz asphaltierter Straßen verbindet die Ballungszentren. Was jedoch bei all der Expansion vergessen wurde ist eine vernünftige Abwasserentsorgung. Das meiste geht ungeklärt ins Meer und beein-

Ein knallgelber Haarstern – diese Tiere zählen zu den Stachelhäutern und sind mit Seesternen verwandt – hält seine fächerförmigen Arme in die Strömung und fängt Plankton. Stachelhäuter leben ausschließlich im Meer. Ausgewachsene Haarsterne sind frei beweglich und können sich auch kriechend, laufend, und einige Arten sogar schwimmend fortbewegen.

trächtigt die einzigartigen Korallenriffe. Auch der Müll wird teilweise einfach ins Meer gekippt. Immerhin haben die Tauchschulen eine gehörige Portion Umweltbewusstsein entwickelt und reinigen mit Hilfe engagierter Tauchgäste einige Riffe regelmäßig von achtlos weggeworfenen Flaschen, Dosen und Autoreifen. Müll finden wir auch im Inselinneren. Zwischen Kokospalmen liegen Ölfässer, Farbreste neben den Feldern. In puncto Umweltschutz hat Koh Tao erheblichen Nachholbedarf.

Trotz der zunehmenden Umweltprobleme ist Koh Tao vor allem für Schnorchler und Taucher immer noch ein Unterwasserparadies. Man findet hier Dutzende Tauchplätze und kann mit Glück sogar mit mächtigen Bullenhaien tauchen. Auch wir haben das Glück und sehen die riesigen Raubfische in größeren Tiefen unterhalb von 30 Metern. Sie wirken furchteinflößender als die gängigen Riffhaie und wohl eilt ihnen auch ihr Ruf voraus, so dass wir am Ende erleichtert sind, wieder an Bord unseres Tauchschiffes zu sein.

Doch wie nicht anders zu erwarten, verhielten sich die Bullenhaie friedlich und hielten Abstand. Viel zu schnell verrinnt die Zeit an der Küste Thailands. Schon bald müssen wir nach Koh Samui aufbrechen, der letzten Station unserer Reise.

KOH SAMUI

Die Überfahrt mit dem schnellen Tragflügelboot vergeht wie im Flug. Bald erhebt sich die 233 Quadratkilometer große Insel aus dem dunstigen Meer und kommt rasch näher. Bei der Ankunft wird schnell klar, warum Koh Samui vielen als verlorenes Inselparadies gilt. Bis in die siebziger Jahre des vergangenen Jahrhunderts war Koh Samui ein Geheimtipp unter Hippies. Die Insel mit ihren kilometerlangen Traumstränden war mit einem Gürtel aus Kokospalmen umgeben. Überall warteten günstige Hütten und kleine Hotels auf mehr oder minder zahlungsfreudige Reisende aus aller Welt. Doch von der Inselromantik ist inzwischen nicht mehr viel übrig geblieben. Im Stundentakt landen auf dem Inselflughafen Jets aus Bangkok, Hongkong und

Wunderschöne Farben und Formen am Strand, mit der hellblauen Blauen Koralle, der weinroten Orgelkoralle und diversen Schneckengehäusen. Nur noch an abgelegenen Stränden kann der Naturfreund solche Objekte bewundern, in den touristischen Gegenden werden sie oft restlos aufgesammelt.

Statt schönen Naturprodukten finden sich überall die Hinterlassenschaften der Menschen. Plastik ist der Fluch der Küsten, durch Strömung und Wind wird er weit verdriftet und gefährdet die Umwelt.

Singapur, die 53 Kilometer lange Ringstraße ist zur Rushhour ständig verstopft, hinter den Stränden stehen längst mehrstöckige Luxushotels und wo noch eine Baulücke zu finden ist, grassiert die Bodenspekulation. Koh Samui war durch die Lage im Golf von Thailand nicht vom Tsunami betroffen. Das führte in den vergangenen Jahren zu einem weiteren Boom, der bis heute anhält.

Unser Hotel liegt am Chaweng Beach. Der Strand wirkt wie eine Filmkulisse. Hohe Kokospalmen, die ein wenig Schatten spenden, jede Menge fliegende Händler, die Obst und Getränke anbieten. Überall ertönt der Ruf »Massage, Massage«. Für ein paar Euro kann man sich direkt am Strand eine oder auch mehrere Stunden durchkneten lassen – nur muss man aufpassen, dass ein Windstoß nicht allzu viel Sand unter das Öl mischt. Hinter dem Strand liegen die Hotels. Immer häufiger werden sie aus schierem Platzmangel in mehreren Reihen gebaut. Je weiter sie vom Stand entfernt sind, desto günstiger sind die Zimmer. Dahinter liegt die Einkaufsmeile: Wie auf Phuket oder in Bangkok ist es auch ein Paradies für Liebhaber gefälschter Marken. »Luxushandtaschen«, »Edeluhren«, »Markenjeans« und »Markenturnschuhe« werden überall zu Spottpreisen angeboten. Originalware scheint es kaum noch zu geben.

Am Abend heißt es dann für die Touristen schick essen. Beliebt sind Fischrestaurants und leider scheint es bei vielen Gästen immer noch »in« zu sein, ein Haifischsteak zu probieren. In den Auslagen der Restaurants entdecken wir mehrfach kleinere Haie, deren Mäuler für einen »gruseligen Anblick« weit geöffnet sind. Sie stammen vom örtlichen Fischmarkt, den wir am folgenden Tag aufsuchen. Artenschutz scheint hier für die meisten Händler ein Fremdwort zu sein. Warum man keine Haie angeln soll, leuchtet ihnen nicht ein. Dass die Fische inzwischen bedroht sind, hat ihnen noch niemand gesagt. Die meisten der rund 40.000 Einwohner leben inzwischen vom Tourismus. Dazu kommen noch einmal an die 100.000 Saisonkräfte, die für ein paar Euro am Tag angeheuert werden. Sie schaffen eine perfekte Tourismusindustrie, die alle Wünsche vom Schönheitssalon bis zur Abenteuertour erfüllt. Der Renner der Saison sind Trekkingtouren

Beschämend sind die bei Touristen beliebten Tiershows mit Affen, Elefanten und anderen Tieren, die im großen Stil an die Besucher vermarktet werden. Aufgrund der vorherrschenden Religion, des Buddhismus, würde man mit mehr Respekt vor der Kreatur, vor dem Mitgeschöpf rechnen, doch dem ist leider nicht so. Tiere werden zum Teil tierquälerisch gehalten und unwürdig behandelt – alles im Interesse eines oft peinlichen Geschäfts mit den Touristen. Dies ist nur ein Beispiel dafür, dass Konsumenten die Möglichkeit hätten, durch Boykott Einfluss auf solche Angebote zu nehmen und dadurch Tier- und Artenschutzgedanken vermehrt durchzusetzen.

auf Elefanten. Die Tiere arbeiteten einst in der Landwirtschaft, heute tragen sie den ganzen Tag Touristen über Stock und Stein oder durch Safari-Parks. Krokodil- und Schlangenshows warten im Inneren der Insel mit spektakulären Darbietungen, dressierte Affen führen allerorten Kunststücke vor. Ins Hintertreffen geraten ist hingegen die ursprüngliche Natur. Der Wald ist weitgehend abgeholzt, Bodenerosion hat jede Menge Schlamm auf die Korallenriffe gespült. So wird die Tropeninsel Koh Samui immer mehr zum

Disneyland für gut betuchte Pauschaltouristen. Doch sollte man nicht allzu schwarz malen: Auch auf Koh Samui gibt es Ansätze für mehr Umweltschutz. Einige Strände werden gut gepflegt, manche neue Hotels verfügen über moderne Kläranlagen und haben sogar Sonnenkollektoren. Viele Thailänder begrüßen den Tourismusboom schon wegen der üppigen Deviseneinnahmen. Doch die Kehrseite sind steigende Preise auch für die einheimische Bevölkerung, welche die Lohnsteigerungen wieder auffressen.

GRIECHISCHE INSELN

Das weltberühmte Panorama von Santorini. Problematisch ist die Bauwut der Santoriner, die das Landschaftsbild und wichtige natürliche Ressourcen zerstört. Große Umweltprobleme in diesem griechischen Paradies bereitet die Müllentsorgung, die immer noch dadurch gelöst wird, dass Müll in die ehemaligen Bimssteinbrüche gekippt wird. Einmalige Fundorte fossiler Pflanzen und archäologische Reste werden so zerstört. Der steigende Verkehr mit Mietwagen und Motorrädern belastet die Inseln mit Lärm, Abgasen und Schrott, der oft genug in den Steinbrüchen entsorgt wird

GRIECHISCHE INSELN

Mehrere tausend Inseln gehören zu Griechenland. Sie liegen weit verstreut rund um das halbinselförmige Festland zwischen Italien und der Türkei. Nur ein Bruchteil von ihnen ist dauerhaft bewohnt. Manche sind nur ein paar Hektar groß, andere wie etwa Kreta tausende Quadratkilometer. Für Gäste aus aller Welt sind die griechischen Inseln Traumziele mit einzigartiger Natur und Geschichte. Viele sind der Faszination so stark erlegen, dass sie regelmäßig kommen oder sogar ein Ferienhaus erworben haben. Die Inseln scheinen mehr als eine Reise wert.

Gepriesen wird der Abwechslungsreichtum der Inselwelt, seien es die idyllischen Kykladen, die vom Vulkanismus geprägte Inselgruppe Santorini, das geschichtsträchtige Rhodos, Korfu, Zakynthos, Lesbos oder die Insel Kreta mit ihrer uralten Geschichte und den landschaftlichen Gegensätzen mit schroffen Schluchten, hohen Bergen und Palmenstränden. Doch die paradiesische Inselwelt hat ihre Schattenseiten. Hinter malerischen Kulissen liegen wilde Müllkippen, die Küsten sind leergefischt und immer mehr Bauruinen verunstalten die Landschaft.

Ein Steinhuhn am Krater-
rand von Santorini. Stein-
hühner sind kräftig gebaute
Vögel mit kurzem Hals, großem Kopf, kurzem, gewölb-
tem Schnabel und einem
relativ langen Schwanz.

In den Unterwasserhöhlen
findet man regelmäßig
Bärenkrebse, denen die
Scheren fehlen – und auch
die langen Antennen ihrer
Verwandten. Stattdessen
haben sie am Kopf schau-
felartige Fortsätze, die ihnen
zum Graben im schlammi-
gen oder sandigen Boden
dienen.

Romantische Landschaften
auf Santorini. Berühmt ist
die Insel vor allem durch
den Vulkan, dessen furcht-
bare Eruption heute um
das Jahr 1600 v. Chr. datiert
wird. Anders als allgemein
geglaubt existiert kein
direkter Zusammenhang
zwischen der Eruption und
dem späteren Zusammen-
bruch der minoischen Kultur
um etwa 1450 v. Chr.

Santorini, ein Magnet für Touristen aus aller Welt.

Die Tauchgänge in vielen griechischen Gewässern sind allgemein eher enttäuschend, da es in Folge der massiven Überfischung nur wenige Fische zu sehen gibt. Kleine Lichtblicke sind beschattete Bereiche und Halbhöhlen, die einen schönen, bunten Aufwuchs zeigen.

SANTORINI

Für unsere Griechenlandtour haben wir uns drei Inseln ausgesucht. Santorini mit seiner wilden Vulkanlandschaft, Kreta mit den weiten Sandstränden und majestätischen Bergen und schließlich Zakynthos mit seinem Nationalpark für Meeresschildkröten.

Unser erstes Ziel ist Santorini mit seiner weltberühmten, im Meer versunkenen Caldera. Einen ersten Überblick erhalten wir bereits beim Anflug. Im Tiefflug geht es über die Ägäis vorbei an Naxos, Paros und Ios. Schließlich kommt in der Dämmerung die Caldera in Sicht, eine fantastische Kulisse aus steil abfallenden Felsen und Vulkanen, die uns klarmacht, warum die Inselgruppe in aller Welt bekannt ist. Wir überfliegen eine unbewohnte Vulkaninsel und setzen hinter der imposanten Steilküste zur Landung an. Ein mulmiges Gefühl, das mit dem Aufsetzen der Räder jedoch schnell verfliegt. Untergebracht sind wir in einem typischen Inselhotel. Ein kleines Haus mit wenigen Zimmern, das weitaus mehr Charme verströmt als die üblichen Bettenburgen des Massentourismus. Angenehm, dass es so etwas auf Santorini zumindest in geringem Ausmaß noch gibt.

Zur Stadt Fira am Kraterrand führen berühmte Treppen die rund 300 Höhenmeter steil hinauf. Wer es romantischer als mit der Seilbahn haben möchte, kann den Weg auf dem Rücken von Maultieren oder Eseln zurücklegen.

Die nächsten Tage verbringen wir mit ausgiebigen Erkundungen. Mit dem Bus kommt man überall gut hin. Wir fahren zu den schwarzen Lavastränden, wandern entlang der imposanten Steilküste und durchstreifen die malerischen Ortschaften. Beeindruckend ist der Hauptort Thira, der eng an die Steilküste gebaut ist. Uns gefallen die engen Gassen, die kleinen Kapellen und Kirchen. Ein schmaler Pfad führt von der Ortschaft in steilen Serpentinen hinunter zum alten Hafen. Ein schöner Spaziergang, bei dem man vielen Eseln und Maultieren begegnet, die hier früher Personen und auch Lasten den Berg hinauf transportiert haben. Heute gibt es dafür eine Seilbahn, mit der die beträchtliche Höhe bequem überwunden wird.

Am alten Hafen warten die Ausflugsschiffe, die zur Fahrt zur Vulkaninsel einladen. Ein lohnender Ausflug! Auf dem nur ein paar Kilometer entfernten Eiland dampft und qualmt es allerorten, man riecht den Schwefel und kann in junge Krater blicken. Eine Mondlandschaft mit ganz eigenen Reizen, die uns in ihren Bann zieht. Als wir vom Ausflug zurückkehren, hat sich die Szenerie am zuvor so beschaulichen Hafen gewandelt. Zwei Kreuzfahrtschiffe haben angelegt und booten Heerscharen an Touristen aus. Alles strömt per Seilbahn, Esel oder zu Fuß nach Thira, wo zahllose Souvenirshops auf die Tagesgäste warten. Neben Büchern, Postkarten, T-Shirts und allen möglichen Lederwaren werden leider auch zahllose Souvenirs aus dem Meer angeboten. Jede Menge Muscheln, Schwämme, Korallen, ausgestopfte Haie und Kugelfische. Ob die Haie und Kugelfische aus dem Mittelmeer stammen darf bezweifelt werden. Vom Kauf sollte man auf jeden Fall Abstand nehmen. Auch die roten Korallen sind inzwischen selten geworden. Warum sie nach wie vor verkauft werden dürfen, bleibt für uns unverständlich.

Die malerische Ortschaft Ia mit dem »schönsten Sonnenuntergang Santorinis« liegt in 70 bis 100 Metern Höhe entlang dem nördlichen Caldera-Rand von Thira.

Durch seinen vielfältigen geologischen Aufbau ist Santorini besonders reich an unterschiedlichen Gesteinen, die interessante Mineralien enthalten können. In den Ascheschichten der Vulkanausbrüche haben sich manchmal Pflanzenreste erhalten. Dazu gehörten Blätter von Palmen und Oliven.

Santorini – eine Touristen-Idylle mit Zeitbombe. Tief unten am Meeresgrund der Caldera liegt das Wrack des Kreuzfahrtschiffes Sea Diamond. Bis heute fühlt sich kaum jemand dafür zuständig, obwohl in den Tanks ein großes ökologisches Risiko für die Natur lauert.

Das Wrack der Sea Diamond

Unser Blick schweift von Thira in Richtung Fährhafen. Uns sticht eine Ölsperre ins Auge. Öl in der weltberühmten Caldera: Wie ist das möglich? Einwohner sagen uns, dass die Probleme mit dem Untergang des Kreuzfahrtschiffes *Sea Diamond* begonnen haben. Sie fürchten, dass das direkt vor der Küste gesunkene Schiff eines Tages auseinander bricht und alles verseucht. Die *Sea Diamond* lief 1986 unter dem Namen *Birka Princess* als Fähre vom Stapel und wurde Ende der 90er Jahre zum Kreuzfahrtschiff umgebaut. Vor dem Untergang kreuzte sie mit bis zu 1537 Passagieren vorwiegend durch die Ägäis. Santorini war ein regelmäßiger Anlaufpunkt des über 140 Meter langen Schiffes. Doch am 5. April 2007 lief die *Sea Diamond* beim Rangieren in der Caldera offenbar wegen fehlerhafter Seekarten auf ein Unterwasserriff und bekam rasch Schlagseite. Sie wurde noch in Richtung des Fährhafens geschleppt, doch am 6. April versank sie an einem Steilhang in die Tiefe. Heute liegt das Wrack in über 100 Metern Tiefe auf dem Meeresgrund. 2009 wurde zwar Öl abgepumpt, doch die Anwohner sehen es als tickende Giftbombe, die eines Tages ausgerechnet die einzigartige Caldera, das Wahrzeichen der Insel, verseuchen könnte. »Besonders groß«, so berichten uns die Vertreterinnen einer Bürgerinitiative, »ist die Gefahr, wenn das Wrack in ein paar Jahren durchgerostet ist und auseinanderbricht.« Die Bevölkerung fordert deshalb seit Jahren eine Bergung des Wracks. Doch geschehen ist nichts. Die Kosten sind zu hoch, man weiß nicht, wen man dafür haftbar machen kann. So tickt die »Giftbombe« weiter und wird gefährlicher. Angeblich gibt es keine

Probleme mit dem Öl, doch als wir zum Strand nahe der Untergangsstelle hinabsteigen, entdecken wir sofort an vielen Stellen Öl und Teer, die offensichtlich von der *Sea Diamond* stammen. Die Bürger der Insel fühlen sich ohnmächtig. Sie fürchten eine Verseuchung des Meeres und auch um den Tourismus, der Negativschlagzeilen in puncto Umwelt schlecht verträgt.

KRETA – EIN KLEINER KONTINENT FÜR SICH

Nur wenige Seemeilen südlich von Santorini liegt Kreta, die größte Insel Griechenlands. Die Fahrt mit dem Tragflügelboot dauert lediglich ein paar Stunden und schon ist man in Heraklion, der Hauptstadt der Insel. Kreta allein wäre einen mehrmonatigen Aufenthalt wert. Auch uns führten gleich mehrere Reisen auf die größte der griechischen Inseln. 260 Kilometer beträgt die Ausdehnung von Ost nach West, 60 Kilometer die maximale Breite von Nord nach Süd. Auf den ersten Blick keine besondere Größe, doch

Die mediterranen Küsten und Inseln sind seit Jahrtausenden besiedelt und menschlicher Nutzung ausgesetzt. Die lieblichen Landstriche stellen daher immer Natur aus zweiter Hand dar. Ein großes Problem dieser Landschaft sind illegale Mülldeponien, allein auf Kreta soll es mehr als 1000 solche geben.

Faszinierende Landschaft im Süden Kretas, mit einer Flußmündung und einem Bestand der Kretischen Dattelpalme (Phoenix theophrastii). *Doch die Idylle trügt: Das Meer ist massiv durch Öl verschmutz und an Land findet man unzählige illegale Mülldeponien.*

die Zahlen sagen nicht alles. Kreta bietet eine enorme Vielfalt von Landschaftsformen und Lebensräumen. 2456 Meter ragt der Psiloritis im Ida-Gebirge empor, nur wenige Meter niedriger sind die Lefka Ori, die »Weißen Berge«. Wanderer können auf ausgedehnten Touren tiefe und berühmte Schluchten wie die Samaria-Schlucht erkunden oder bei Moni Preveli oder Vai Palmenstrände entdecken. Im Frühjahr blüht die Insel regelrecht auf, Freunde der Botanik können sich an zahlreichen endemischen Pflanzenarten erfreuen.

Venezianische Festungen, berühmte Klöster und antike Ausgrabungen sind wichtige Reisegründe für an Kultur interessierte Gäste. Kreta – das ist für viele die Wiege Europas. Immerhin begründeten hier die Minoer bereits im dritten vorchristlichen Jahrtausend die erste Hochkultur auf europäischem Boden. Ein Besuch der Ausgrabungsstätten von Knossos und auch eine Visite des Palastes von Phaistos sollte sich niemand entgehen lassen. Ausgangspunkt für erste Entdeckungen ist Heraklion. Die Hauptstadt ist nicht unbedingt eine Schönheit, doch in die

Berge ist es nicht weit und jeder Punkt der Insel ist von hier aus am besten zu erreichen. Das Straßennetz wurde in den vergangenen Jahren mit Hilfe der Europäischen Union stark ausgebaut. Noch vor 20 Jahren brauchte man auf der gebirgigen Insel einen halben Tag für die Bewältigung einer Strecke von 100 Kilometern, heute sind es nur Stunden. Breite Schneisen wurden in die Berge geschlagen, ein Stück Autobahn ist längst vorhanden. Für viele wurde hier bereits des Guten zu viel getan, da auf manch ausgebauten Straßenabschnitt kaum ein Auto fährt.

Kreta hat sehr viele wunderschöne Höhlen, nur ein Teil von ihnen ist erforscht. Doch viele sind durch illegale Müllkippen verunstaltet. Diese stellen nicht nur ein ästhetisches, sondern auch ein massives ökologisches Problem dar. Die gelösten Gifte verunreinigen den Boden und das Grundwasser.

Wilde Müllkippen

Eine unserer ersten Touren führt uns in die Lasithi-Hochebene, die noch immer als die Kornkammer Kretas gilt. Sie liegt in über 800 Metern Höhe, so dass es hier auch im Sommer nicht übermäßig heiß wird. Der Boden ist fruchtbar, das Wasser strömt von den bis auf über 2000 Meter Höhe aufragenden Bergen hinab, welche die Hochebene umschließen. Angebaut werden Obst, Gemüse, Getreide und auch Kartoffeln. Die Hochebene ist von Bewässerungskanälen durchzogen. Charakteristisch sind die zahlreichen Windmühlen, welche die künstliche Bewässerung seit den zwanziger Jahren des zwanzigsten Jahrhunderts ermöglichen.

Die Lasithi-Hochebene wird von zahlreichen Tagesausflüglern besucht. Attraktionen sind die schönen, aber armen Dörfer, die Klöster und die Zeus-Höhle, die ein wenig oberhalb der Hochebene liegt. Jeder, der von den großen Stränden der Küste herfährt, ist vom landschaftlichen Panorama beeindruckt. Weniger schön ist jedoch der Müll, den man unterwegs immer wieder sieht. Mal sind es ausgeschlachtete alte Autos oder kaputte Baumaschinen, die einfach am Straßenrand stehen gelassen wurden und hier über Jahre verrotten, mal sind es wilde Müllkippen, die man plötzlich inmitten eines Olivenhains entdeckt. Auch in der Lasithi-Hochebene werden wir fündig, als wir uns das ausgeklügelte Bewässerungssystem ansehen. Inmitten der Wassergräben finden wir jede Menge Bauschutt, Haushaltsabfälle, aber auch Giftstoffe wie Farbreste oder halbleere Motorölkanister. All das inmitten der Kornkammer Kretas und direkt am Wasser, mit dem die Felder bewässert werden. »Leider kein Einzelfall«, erklärt uns Christof Zachariadis vom Naturschutzverein NLUK. Zusammen mit weit über hundert Mitstreitern aus 14 Nationen, darunter vielen aus Griechenland und Deutschland, kämpft er seit Jahren gegen die Vermüllung seiner Insel an. Mit beträchtlichem Erfolg. Die NLUK genannte Organisation erfreut sich wachsender Beliebtheit, wird auf Kreta respektiert und weist im Internet immer wieder auf Umweltprobleme hin. Uns gefallen die unter kreta-umweltforum.de gesammelten Informationsschriften für alle an der Natur interessierten Reisenden so gut, dass wir sie uneingeschränkt weiterempfehlen können. Christof Zachariadis nimmt sich für uns einen Tag Zeit. Er möchte uns die größten Umweltprobleme seiner Heimat zeigen. »Kreta ist immer noch wunderschön«, sagt er. »Wir brauchen allerdings ein besseres Umweltbewusstsein, um die Natur zu bewahren.« Der Naturschützer fährt mit uns zur Höhle von Skotino in die nahe gelegenen Berge. Eine schöne Tropfsteinhöhle, wie es sie auf Kreta häufig gibt. Wir klettern hinein und bestaunen den eindrucksvollen Höhlensaal mit seine Stalagmiten und Stalagtiten (hängende Tropfsteine).Vor der Höhle sind ein paar Mülltonnen aufgestellt. Doch sie quellen über, der Müll liegt überall herum. Für Christof ein Ärgernis, was allerdings durch einen Umweltfrevel nur ein paar hundert Meter weiter übertroffen wird. Mit Unterstützung der EU wurde hier eine ehemalige wilde Müllkippe saniert und umzäunt. Doch jetzt wird der Müll einfach vor den Zaun gekippt, vom Farbeimer bis zum Tierkadaver. Ähnliche Probleme zeigt er uns ein paar Kilometer weiter in einem der seltenen Feuchtgebiete. Hier sieht man noch Süßwasserschildkröten und viele seltene Vogelarten, direkt daneben aber leider in den Süßwasserseen versenkte Fässer und jede Menge Müll. »Einiges hat sich in den vergangenen Jahren schon verbessert«, meint Christof Zachariadis, »aber leider bei weitem nicht genug.« Das betrifft den Umgang mit dem Müll, wie auch die Plünderung des Meeres. Wie artenreich das Mittelmeer einst war, sieht man eindrucksvoll bei einem Besuch des Aquariums bei Heraklion. Es ist relativ neu, verfügt über zahlreiche große Becken und ist didaktisch ansprechend gestaltet. Ansatzweise erkennt man noch den einstigen Artenreichtum des Mittelmeeres, den es aber in den küstennahen Gewässern kaum noch gibt.

Geplündertes Meer

Diese Befürchtung bestätigt sich, als wir selbst zum Tauchen aufbrechen. Wir unternehmen mehrere Tauchgänge vor der Küste, entdecken spektakuläre Unterwasserhöhlen, Steilhänge und ausgedehnte Seegraswiesen. Nur Fische finden wir wenige – und wenn sind sie eher klein. Um herauszufinden woran das liegt, fahren wir zum Fischhafen von Heraklion. An der Hafenmauer stehen ein paar Fischer und bieten ihre Ware feil. Viel ist es nicht, was sie anzubieten haben. Auch sind die verkauften Fische viel zu klein. »Hier ist alles leergefischt«, meint einer der Fischer, »das Geschäft lohnt sich kaum noch.« Und der Präsident des Fischereiverbandes gibt

den Berufsfischern, aber auch unvernünftigen Hobbyfischern die Schuld. »Hier wird mit viel zu engmaschigen Netzen gefischt, dadurch machen wir uns selbst das Geschäft kaputt.« Tatsächlich schreibt die EU Mindestabstände zwischen den Netzknoten vor, damit junge, noch nicht geschlechtsreife Fische durch die Netze entwischen und später für Nachwuchs sorgen können. Doch wir beobachten mehrere Boote, die viel zu enge Netze mit nur vier Millimeter Maschenweite haben und damit alles aus dem Meer mit heraufziehen. »Das sind Mafiamethoden«, empört sich ein pensionierter Fischer, der den mageren Fang eines Berufsfischerbootes begutachtet. »Sehen Sie, alles viel zu klein, so geht hier alles kaputt.« Recht hat er, doch konsequent eingeschritten ist auf Kreta bislang noch niemand.

Wir besuchen mehrere Strände auf Kreta. Besonders schön erscheint uns die Badebucht bei Moni Prevelli. Das senenswerte Kloster wurde Ende des 16. bis Anfang des 17. Jahrhunderts errichtet. Die Gravur einer Glocke zeigt das Datum von 1594. Bekannter ist die Geschichte im Zweiten Weltkrieg. Nach der Invasion der Deutschen unterstützten die Mönche die Alliierten. So wurde vom Kloster die Evakuierung einer

Im Süden Kretas finden sich wunderbare Strände. Manche von ihnen werden von Meeresschildkröten als Eiablagestrände aufgesucht. Nicht selten sind solche Strände durch Öl von den großen Schiffen verunreinigt.

Gruppe australischer Soldaten durch britische U-Boote nach Nordafrika organisiert. Ein weiterer Versuch schlug fehl. Gleichwohl erhält das Kloster bis heute Spenden ehemaliger alliierter Soldaten.

Wer vom Parkplatz 170 Meter nach unten steigt, kommt zum Palmenstrand. Die Badebucht ist malerisch von hohen Felsen umschlossen. In ihrer Mitte mäandriert der Gebirgsbach Megalopotamus in Richtung Meer. An seinem Lauf wachsen zahlreiche Palmen, die dem Strand seinen besonderen Ruf verleihen. Es lohnt sich, den Bach ins Inselinnere zu erkunden. Bald verjüngt sich die Schlucht, man findet kleine Wasserfälle und Becken, die eine herrliche Erfrischung bieten. Einziger Wermutstropfen: Wie so oft auf Kreta liegt auch hier überall Müll herum. Einige haben zwar begonnen ihn einzusammeln, doch das bleibt ein hoffnungsloses Unterfangen.

Ein weiterer berühmter Strand liegt in der Nähe von Matala. Der Komos-Beach ist an die zwei Kilometer lang und wird gern von FKK-Anhängern bevölkert. Es gibt aber auch einen Liegestuhlverleih und einen Getränkeservice. Berühmt ist der Strand jedoch vor allem wegen der Meeresschildkröten, die hierher zur Eiablage kommen. Naturschützer achten darauf, dass die Schildkröten nicht zu sehr gestört werden. Gegen die Umweltverschmutzung durch Öl können sie hingegen nichts tun. Trotz Verbot reinigen in den Wintermonaten Schiffe ihre Tanks in der Nähe der Küste. Das angeschwemmte Öl finden wir fein säuberlich am Strand verteilt. Touristen, einheimische Naturschützer, Restaurantbesitzer und Hoteliers versuchen regelmäßig das Öl einzusammeln. Eine Sisyphusaufgabe, denn mit jeder Flut werden neue Ölklümpchen an den feinkörnigen Sandstrand gespült. »Ein paar Umweltverschmutzer konnten wir identifizieren und anzeigen«, sagen uns die Einheimischen. »Im Sommer gibt es kaum noch Verschmutzung.« Wunschdenken oder Wirklichkeit – Fakt ist, dass die Verseuchung von Stränden mit Öl nicht nur den Schildkröten, sondern auch dem Tourismus schadet, was die Einheimischen sicherlich zusätzlich sensibilisiert.

Bis in die Gipfelregionen der Insel wurden mit Hilfe der EU Straßen gebaut, damit die Hirten ihre Herden weit hinauffahren können. Damit sind auch die höher gelegenen Gebirgsregionen nicht vor der ökologischen Ausbeutung geschützt.

Archelon und die archaischen Meeresschildkröten des Mittelmeeres

Einst kamen im Mittelmeer zumindest vereinzelt bis zu fünf Arten von Meeresschildkröten vor, einschließlich der riesigen Lederschildkröte (Dermochelys coriacea) und der Echten Karettschildkröte (Eretmochelys imbricata). Nur ausnahmsweise sichtete man die Atlantische Bastardschildkröte (Lepidochelys kempi). Mit der Zeit gingen die Bestände aller Arten zurück, bis nur noch zwei Spezies regelmäßiger zu sehen waren, die Grüne Schildkröte (Chelonia mydas) und die Unechte Karette (Caretta caretta), von denen aber nur die letztere häufiger blieb.

Manche Tiernamen sind nicht glücklich gewählt: Unechte Karette suggeriert die Vorstellung von einer minderwertigeren oder weniger schützenswerten Spezies. Der Grund für diese Namensgebung liegt wohl im Schildpatt der Echten Karettschildkröte, das über Jahrhunderte begehrt war und die Art für den Handel interessant machte. Echte Karettschildkröten sind im Mittelmeer nur noch ausnahmsweise und vereinzelt zu finden. Die Unechte Karette hingegen ist die letzte noch regelmäßig anzutreffende und an manchen Stränden traditionell Eier ablegende Meeresschildkrötenart im Mediterran. Sie hat auch weltweit eine recht große Verbreitung – fast an allen Küsten mit Ausnahme der Pazifikküste Südamerikas. Doch auch sie ist – wie wir in Griechenland beobachten konnten – massiv von zahlreichen negativen Umwelteinflüssen bedroht. Eine der Hauptgefahren für die Tiere sind die Schleppnetze der Fischer, denen jährlich viele zum Opfer fallen, ebenso der Schiffsverkehr und die allgemeine Meeresverschmutzung. Vielleicht noch unpassender ist der deutsche Name »Suppenschildkröte«, die von Zoologen und Meeresschützern auf dem englischen Namen basierend in Grüne Schildkröte umgetauft wurde. Während das Fleisch manch anderer Meeresschildkröten für Menschen nicht besonders zuträglich oder sogar giftig sein kann, schmeckt jenes der Grünen Schildkröte gut und war immer schon als Basis der berühmten Schildkrötensuppe begehrt. Die Art ernährt sich überwiegend vegetarisch, was zur Fleischqualität beiträgt; im Mittelmeer stünden ihr die unendlichen Unterwasserprärien des Neptungrases *(Posidonia oceanica)* zur Verfügung. Doch Grüne Schildkröten finden wir im Mittelmeer zwischenzeitlich wesentlich seltener als die Unechten Karetten.

In der Rettungsstation der Meeresschutzorganisation ARCHELON bei Athen konnten wir beide Arten beobachten. Wie in der Natur waren auch im Schildkrötenkrankenhaus die Unechten Karetten häufiger vertreten. Neben unserem primären Interesse an der Arbeit der Artenschützer gingen wir nebenbei der Frage nach, woher der Name der Organisation stammt – und entdeckten dabei einen prähistorischen Giganten, der an Größe alle rezenten Schildkröten bei weitem übertraf – ein wahrlich archaisches Wesen.

Archelon ist der Name einer ausgestorbenen Gattung der Meeresschildkröten aus der Oberkreide von Nordamerika. Fossilien dieser Schildkröte sind etwa 72 Millionen Jahre alt. *Archelon* war die größte bisher entdeckte Schildkröte und erreichte eine Länge von bis zu 4,5 Metern, wobei die Spitzen der ausgebreiteten Vorderpaddel bis zu vier Meter auseinander ragten. Vermutlich war der Rückenpanzer von einer dicken ledrigen Haut überzogen, ähnlich wie bei den Lederschildkröten, die die größten Schildkröten der Gegenwart darstellen und im Mittelmeer nur noch gelegentlich Besucher sind.

Im Sea Turtle Rescue Center

Neben der Umweltverschmutzung setzen auch Boote und Fischer den Meeresschildkröten zu. In Glyfada bei Athen unterhält der Verein ARCHELON ein Rettungszentrum für verletzte Meeresschildkröten. Unser erster Eindruck ist durchweg positiv. Mit wenig Geld, aber viel Enthusiasmus kümmern sich hier Helfer aus Griechenland und auch Freiwillige aus anderen Ländern um die verletzten Tiere. Die Schildkröten leben in Plastikbecken und werden medizinisch versorgt und aufgepäppelt. Krankheiten werden behandelt und mitunter muss auch eine Flosse amputiert werden, um das Weiterleben zu ermöglichen. Sind die Schildkröten geheilt, werden sie wieder freigelassen. Die Behandlung verletzter Tiere ist jedoch nur ein Aspekt der Arbeit. Ebenso wichtig sind die Überwachung von Schutzzonen und die Aufklärung der Bevölkerung. In Glyfada gibt es deshalb neben dem Behandlungszentrum eine kleine Ausstellung, die oft von Schulklassen besucht wird. Bei unserem Besuch im Rettungszentrum macht man uns auf den Nationalpark auf Zakynthos aufmerksam, der eigens für die Unechte Karettschildkröte *(Caretta caretta)* geschaffen wurde. Einerseits ist man stolz auf den Nationalpark, andererseits ist leider auch hier nicht alles Gold was glänzt.

Meerjunker (Coris julis)

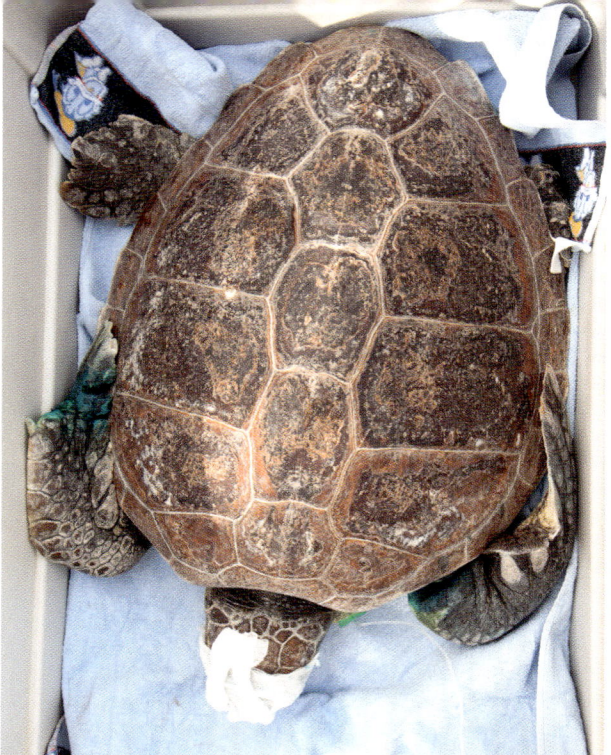
Verletzte Unechte Karettschildkröten werden in der Station von ARCHELON wieder gesund gepflegt.

ZAKYNTHOS

Von Athen aus gelangt man mit dem Auto quer über den Peloponnes und dann mit der Autofähre in wenigen Stunden nach Zakynthos-Stadt. Noch bequemer geht es mit dem Flugzeug. Der Flughafen wurde eigens für den bis zur Wirtschaftskrise boomenden Tourismus ausgebaut. Charterjets fliegen regelmäßig aus England und Deutschland ein. Zakynthos ist mit ca. 407 Quadratkilometern die drittgrößte der Ionischen Inseln im Westen Griechenlands. Die Haupteinnahmequelle ist der Tourismus, gefolgt von der Landwirtschaft. Wer über die Insel fährt, sieht überall zum Teil Jahrhunderte alte Olivenbäume, deren eigenartige Wuchsform immer wieder die Blicke auf sich zieht.

Zakynthos ist wie viele andere Regionen des Mittelmeerraums durch Erdbeben gefährdet. Am 12. August 1953 wurden mehr als 90 Prozent al-

Zakynthos und andere griechische Inseln und Küsten haben wunderbare Höhlen. Sie sind zum letzten Zu-
fluchtsort der bedrohten Mönchsrobben (Monachus monachus) geworden. Ursprünglich lebten Mönchs-
robben wie viele andere Robbenarten auch mehr an den Stränden, wurden von diesen aber durch die
zunehmende menschliche Aktivität vertrieben.

ler Gebäude durch ein verheerendes Beben mit zahlreichen Toten und Verletzten zerstört. Die Schäden sind längst weitgehend behoben, doch an manchen alten Gebäuden lässt sich die zerstörerische Kraft der Natur bis heute ablesen. Eine Inselrundfahrt lohnt sich nicht nur von Land aus. Wer ein Fischerboot chartert, kann die imponierende Steilküste von der Seeseite her erkunden. Bis zu 200 Meter reichen die imposanten weißen Felsen in die Höhe. An vielen Stellen findet man Höhlen, in die man mit kleinen Booten – leider – hineinfahren kann. Denn sie bieten ide-

ale Verstecke für die Mönchsrobbe, die einzige Robbenart des Mittelmeeres, die inzwischen fast vollständig ausgerottet wurde. Zu ihrem Schutz darf man einige der Höhlen nicht besuchen. Ein sinnvolles Verbot, an das sich leider nicht jeder hält. Auch die Fischer auf Zakynthos sind auf die inzwischen geschützte Robbe nicht gut zu sprechen, da sie ihnen früher oftmals die Netze zerbiss. Etliche Exemplare werden daher auch heute noch einfach abgeschossen, was die Bestände der eindrucksvollen und faszinierenden Tiere stark dezimierte (siehe Seite 105).

Mönchsrobben zählen zu den seltensten Säugetierarten der Welt – vielleicht nur noch 300 oder 400 Individuen finden sich im Mittelmeer und östlichen Atlantik. Doch auch die Höhlen, in denen sie ihre Junge zur Welt bringen, bieten keinen ausreichenden Schutz mehr. Sie werden von Tauchern, neugierigen Touristen mit ihren Motorbooten und Fischern aufgesucht. Die unsichere wirtschaftliche Lage in Griechenland verschlechtert noch die Situation der Mönchsrobben.

Der Lebensraum der Mönchsrobbe muss besser vor Touristen, Tauchern und Fischern geschützt werden!

Die Mönchsrobbe (Monachus monachus) _zählt zu den seltensten Säugetierarten der Erde. Im Mittelmeer gibt es vielleicht noch 300 oder 400 Individuen, aber so genau weiß es niemand. Die letzten Mönchsrobben verstecken sich u. a. in den Höhlen des östlichen Mittelmeerraumes, darunter auch des Ionischen Meeres. Der einstige Strandbewohner findet nicht einmal mehr in den verstecktesten Höhlen Ruhe für sich und seine Jungen._

Wir töten was wir lieben – das gilt für manche unwissenden, unsensiblen oder schlicht egoistisch-rücksichtlosen Touristen und Taucher, die Mönchsrobben selbst am abgelegensten Strand und in der tiefsten Höhle nicht ihre Ruhe lassen. Andere töten sie bewusst und aus Frust und Hass. Das gilt leider immer noch für manche griechische Fischer. Mehrere Mönchsrobben jährlich werden in den Weiten des östlichen Mittelmeeres sinn- und grundlos getötet. Ob dieses Verbrechen strenge Bestrafungen nach sich zieht, darf man bezweifeln.

Mönchsrobben bewohnen als einzige Robben ganzjährig tropische und subtropische Meere. Sie zählen wie Seehund und Kegelrobbe, die beiden an deutschen Küsten heimischen Robbenarten, zu den Hundsrobben. Anders als bei den Ohrenrobben fehlen ihnen äußerlich sichtbare Ohrmuscheln, und die Männchen und Weibchen sind oft etwa gleich groß. Von den drei Spezies der Mönchsrobben, die in unterschiedlichen Regionen der Welt verbreitet waren, haben nur die Mittelmeer-Mönchsrobbe und die Hawaii-Mönchsrobbe _(Monachus schauinslandi)_ überlebt; die Karibische Mönchsrobbe wurde hingegen wohl in den letzten 60 Jahren definitiv ausgerottet. Die Ursprünge des Namens »Mönchsrobbe« liegen nicht in den Lebensgewohnheiten der Art, wie in po-

pulären Büchern behauptet wird, sondern im Aussehen: Die Fettschicht im Halsbereich, die Färbung und der Gesamthabitus haben wohl den französischen Naturforscher Jean Hermann 1779, der ein Exemplar in einer Wandershow in Straßburg gesehen hatte, an Mönche und ihre Kutten erinnert.

Von wem sie gestört wird, ist der Mönchsrobbe letztlich egal, das Ergebnis bleibt gleich: Ob es ein nach heiler Natur lechzender, gestresster Tourist ist, der sich ein (möglichst PS-starkes, lautes) Boot leisten kann oder ein frustrierter griechischer Fischer mit zerstörten Zukunftsaussichten und bösen Absichten. Durch die ständigen Störungen verlieren die Mönchsrobben die letzten Rückzugsgebiete, wo sie ruhen und ihre Jungen zur Welt bringen können. Ursprünglich hielten sich Mönchsrobben im Mittelmeer, wie es auch andere Robben tun, an Stränden auf, aber das ist schon lange her. Ihre historischen und kulturhistorischen Spuren reichen Jahrtausende in die Antike zurück, doch nun steht es an der Kippe, ob sie überleben werden.

Ein Appell an Naturfreunde und Naturschützer: Wir müssen mit gutem Beispiel vorangehen! Wir müssen die letzten Rückzugsgebiete der Wildtiere achten und ihnen ihre heiligen Ruhezonen gönnen, sonst haben sie keine Überlebenschance. Die fotografischen Eindrücke von diesen Lebensräumen zeigen, wie wunderschön diese sind. Es ist nicht verwunderlich, dass wir uns danach sehnen, diese faszinierende Natur zu erleben. Besonders stark »gefährdet« sind Taucher und speziell Tauchbasisbetreiber, die die Plätze kennen. Sie unterliegen der Versuchung besonders leicht, geht es doch auch um die Zufriedenheit ihrer Kunden. Es darf jedoch nicht sein, dass Menschen in diese Höhlen, in die letzten Rückzugsgebiete einer vom Aussterben bedrohten Art, einfach so hineintauchen, hineinschwimmen oder mit dem Boot hineinfahren. Wir sollten uns mit aller Vehemenz dafür einsetzen, dass dieser Lebensraum geschützt wird und diese wunderbare Tierart vielleicht doch erhalten werden kann.

Im Meeresnationalpark

Ein großer Fortschritt für den Umweltschutz war die Errichtung des Nationalparks für die Unechte Karettschildkröte auf Zakynthos – ein Durchbruch für griechische Umweltschützer, deren Anliegen bis dato nie richtig ernst genommen wurden.

Der Nationalpark umfasst im Wesentlichen die Strände der Bucht von Laganas. Sie waren schon immer wichtige Brutgebiete der Unechten Karettschildkröte. Mit der Ausweitung des Tourismus wurde ein erfolgreiches Nisten für die Schildkröten immer schwieriger, da ihnen die Touristen schlicht den Platz streitig machten und die Bebauung an den Stränden mit und ohne Genehmigung ständig zunahm. Durch den Nationalpark wurden manche Probleme verringert, aber leider nicht endgültig gelöst. So gibt es hier immer noch eine Mülldeponie, die zu viele Möwen anlockt, die wiederum die schlüpfenden Schildkröten auffressen. Die Abwässer der Deponie fließen bei Regen ausgerechnet in Richtung der Niststrände. Einige Strände sind vermüllt, an manchem Strandabschnitt fahren Autos einfach den Strand entlang. Das größte Problem sind die Massen an Touristen, die abends von den ausgedehnten Amüsierstraßen in Richtung Strand strömen. Die gröbsten Auswüchse bekommen die Mitarbeiter des Nationalparks zwar so gerade unter Kontrolle, doch für einen wirklich nachhaltigen Umweltschutz fehlt in Griechenland schlicht das Geld – und oft auch der Wille der Bevölkerung. Mitarbeiter der Behörden klagen, dass Mittel nur unregelmäßig fließen. Ein Knackpunkt ist jedes Jahr die Bezahlung der Strandwächter, die maßgeblich dafür sorgen, dass die Nistplätze so weit wie möglich ungestört bleiben.

Santorini, Kreta, Zakynthos: Drei griechische Inseln, welche ebenso die Schönheit des Landes wiederspiegeln wie den leider oft mangelhaften Umweltschutz. Was Mut macht ist letztlich das zunehmende Engagement vieler Einwohner, die die Zerstörung der Natur nicht mehr ohne weiteres hinnehmen wollen.

Fast schon ein Wahrzeichen von Zakynthos: Das Wrack des Küstenmotorschiffs Panagiotis in der ehemals Agios Georgios genannten Bucht. Das Wrack liegt auf einem kleinen Strand, umgeben von bis zu 200 Meter hohen, senkrecht hinaufragenden Felswänden, über denen sich eine kleine Plattform befindet – der einzige Aussichtspunkt, welcher von der Landseite aus einen Blick auf das Wrack erlaubt.

DIE MALEDIVEN

An einer unbewohnten Insel vorbei mit einem Tauchdhoni unterwegs zu unbekannten Riffen: Der Stoff, aus dem Taucherträume gestrickt sind. Weit und breit ist nur das in allen Farben schimmernde Meer mit seinen Korallenriffen und Sandbänken zu sehen, der blaue Himmel mit weißen Wolken, der Strand und das Grün der tropischen Vegetation. Es lohnt sich, für diesen Traum zu kämpfen und den Umweltschutz zu unterstützen!

DIE MALEDIVEN

Für viele Taucher sind sie seit Jahrzehnten das Traumziel schlechthin: die Malediven mit ihren wunderschönen Korallenriffen inmitten des Indischen Ozeans. Wie Perlen, schwärmen Besucher, reihen sie sich in den verschiedenen Atollen aneinander. Von Mitteleuropa sind es zehn Stunden Flug, bis man den Flughafen auf der Insel Hulule erreicht, das Tor zum ozeanischen Paradies. Nur auf wenigen Inseln fahren Autos, doch viele sind so klein, dass sie in wenigen Minuten zu Fuß umrundet werden können.

Der »Staat der tausend Inseln« (insgesamt sind es mehr, nämlich 1.196) hat an die 400.000 Einwohner, die auf 220 verschiedenen Inseln wohnen. Die maximale Höhe der Koralleninseln beträgt meist nur einen bis zwei Meter, was sie besonders anfällig für Sturmfluten und den steigenden Meeresspiegel macht. Die Furcht vor der Überflutung ist inzwischen so groß, dass sich die Regierung bereits Gedanken machte, wie im Ernstfall die Bevölkerung evakuiert werden könnte. Von Landkauf in Indien, Sri Lanka und Australien war die Rede. Utopische und nicht zu finanzierende Pläne, die jedoch deutlich machen, wie ernst die Lage auf den Malediven eingeschätzt wird. Nicht ohne Grund treten die Inseln auf jeder Klimakonferenz als wichtige Mahner auf.

Eine Idylle wie aus dem Bilderbuch und genau das, wovon viele Menschen träumen. Doch die Ernüchterung wartet bereits wenige Meter weiter: Die allermeisten Inseln sind zum Teil einen halben Meter hoch mit Müll bedeckt.

Während auf manchen Inseln weniger als hundert Menschen leben, ist die Hauptstadt Male extrem dicht bevölkert. Mehr als 100.000 Bewohner und Besucher aus dem Inselreich drängen sich hier auf wenigen Quadratkilometern. Grünflächen gibt es kaum. Seit Jahrzehnten wird das Platzproblem immer brennender. Durch Landgewinnung versucht man neue Flächen zu schaffen. Drei Kilometer von Male entfernt wurde eine künstliche Insel geschaffen, die noch weiter vergrößert werden soll, und eines Tages soll Hulhumale Platz für mehr als 60.000 Menschen bieten. Sogar Flüchtlinge soll sie aufnehmen, deren Inseln durch Erosion oder Überflutung untergegangen sind.

Das Klima der Malediven ist tropisch. Das ganze Jahr über ist es heiß, auch in der Nacht sinken die Temperaturen kaum einmal unter 25 Grad. Als beste Reisezeit gelten die Monate November bis April. Von Mai bis Oktober prägt der Südwest-Monsun das Klima, im Juni und Juli bringt er oftmals starke Niederschläge mit sich. Früher arbeitete die Bevölkerung weitgehend in der

Landwirtschaft und der Fischerei. Traditionell geht man auf den Malediven auf Thunfischfang und baut Kokosnüsse, Hirse, Maniok und Süßkartoffeln an.

Heute ist der Tourismus die mit Abstand wichtigste Einnahmequelle. Die ersten Gäste kamen 1972 – und seitdem ging es rasant aufwärts. Hotelinsel um Hotelinsel wurde errichtet, darunter zahlreiche Luxusherbergen, die ihre Zimmer und Bungalows für mehrere hundert oder sogar tausend Dollar pro Tag vermieten. Inzwischen arbeiten weit mehr als 20.000 Menschen im Tourismusgewerbe und wenn es nach dem Willen der Regierung geht, sollen es in Zukunft noch weitaus mehr werden.

Die Malediven sind ein stark vom Islam geprägter Staat, mit den damit verbundenen Einschränkungen für Touristen. Früher durfte man zahlreiche Inseln nicht besuchen. Einheimische und Gäste kamen nur auf den Hotelinseln oder der Hauptstadt Male miteinander in Kontakt. Das hat sich in den vergangenen Jahren durch die Liberalisierung zum Teil verändert, denn bis 2008 wurden die Malediven diktatorisch beherrscht. Es gab Folter und Schauprozesse. Unruhen wurden mit Gewalt bekämpft. Regimegegner wurden auf Gefängnisinseln weitab der Luxusresorts weggesperrt. Doch 2008 kam es ohne größere Gewalt zu einem Umbruch. Der Reformer Mohamed Nasheed wurde zum Präsidenten gewählt. Seitdem wurde vieles erheblich liberalisiert, was sich auch auf unsere journalistische Arbeit auswirkte. Während man früher ständig beobachtet wurde und kaum frei herumreisen konnte, war es bei unserer letzten Tour komplett anders. Wir konnten uns nicht nur frei bewegen, sondern ohne Genehmigung auch die berühmt-berüchtigte Müllinsel Thilafushi ansehen, die Umweltschützern seit langem ein Dorn im Auge ist.

DIE REISE

Wer die Malediven wirklich kennenlernen will, bucht am besten eine Tauchkreuzfahrt auf einem Safarischiff. Das ist die einzige Möglichkeit, in zwei Wochen mehrere Atolle und verschiedenste Inseln kennenzulernen. Vor allem hat man die Möglichkeit, gleich an mehreren weltberühmten Korallenriffen zu tauchen. Wir buchen uns auf der *Kingfisher* ein, einem kleinen Schiff, das aber einen guten Eindruck macht. Wegen der Enge und der hohen Temperaturen beschließen wir, oben auf dem Deck zu schlafen, was nachts ein wenig Kühlung bringt. Die *Kingfisher* nimmt Kurs auf das Süd-Ari-Atoll, wo wir auf ein weiteres, größeres Schiff mit Wissenschaftlern und Tauchgästen treffen. Mit dem Wetter haben wir Glück – es ist sonnig und windstill. Die See ist spiegelglatt. Hin und wieder wird unser Schiff von Delfinen begleitet, die vor dem Bug aus dem tiefblauen, transparenten Wasser springen. Ein toller Einstieg für eine Reise ins Tropenparadies! Stunde um Stunde, Tag um Tag fährt unser Schiff in gemütlichem Tempo an den Atollen entlang. Wir kommen an unbewohnten Inseln vorbei, die mit ihren weißen Stränden und hohen Kokospalmen wie gemalt aussehen (auf größere Entfernung – doch beim näheren Hinsehen zeigt sich, dass sie knietief von Plastikmüll bedeckt sind). Schließlich erreichen wir den Südrand des Ari-Atolls. Hier, in der Nähe einiger großer Touristeninseln wie Sun Island, Holiday Island und Ari Beach wollen wir die ersten Tauchgänge unternehmen. Zuerst tauchen wir bei Maamigili Beru in der Nähe der gleichnamigen Insel. Wir können es kaum erwarten, uns in die 30 Grad warmen Fluten zu stürzen. Das Riff beginnt in sieben Metern Tiefe und fällt schräg bis auf 30 Meter ab. Ein einfacher Tauchgang, bei dem man in aller Ruhe die wunderschönen Korallen

betrachten kann. Wir entdecken Schwärme von kleinen blauen Drückerfischen, Riff- und Fahnenbarschen, Füsilieren, Schnappern und auch Adlerrochen, die in der Ferne vorbeiziehen. Freunde der Makrofotografie können sich an den zahlreichen Nacktschnecken und weiteren kleinen Wundern nicht satt sehen. Nur gelegentlich nehmen wir noch Schäden an den Korallen wahr, die von der verheerenden Korallenbleiche aus dem Jahr 1998 stammen.

Gelegentlich werden hier Walhaie gesichtet, doch die Chance, tatsächlich auf einen zu treffen soll beim nächsten Tauchplatz noch viel besser sein, versichert uns der Kapitän. So fahren wir eine halbe Stunde zum Außenrand des Ari-Atolls. Er liegt direkt am Kanaleingang, daher gibt es hier häufiger kräftige Strömung.

Wieder empfängt uns die faszinierende Unterwasserwelt mit ihrer ganzen Farbenpracht. Diesmal sehen wir große Fischschwärme und zwei Schildkröten. Am Ende des Tauchgangs kommt tatsächlich ein Walhai in Sicht. Wir ärgern uns schwarz, da unsere Atemluft in den Flaschen schon am Ende ist. Doch unser Tauchpartner Jörg hat riesiges Glück: Über Minuten taucht er neben dem großen Hai her. Es ist ein gigantisches Exemplar von mindestens acht Metern Länge, das mehrere Tonnen schwer ist. Scheinbar schwere- und mühelos schiebt sich der Gigant des Meeres ohne weit ausschlagende Flossenbewegungen durchs Wasser, während wir kaum das Tempo halten können. Für jeden Taucher, selbst wenn es nicht zum ersten Mal ist, bleibt eine Begegnung mit dem größten Fisch der Welt unvergesslich.

MAAMIGILI

Nach diesem ersten Tauchgängen besuchen wir Maamigili. Früher war der Besuch der so genannten Einheimischeninseln für Ausländer tabu. Heute sind die Verbote gelockert, zumal auf der Insel viele Einwohner auf den nahe gelegenen Hotelinseln arbeiten. Das Leben der meisten Malediver ist einfach. Einige Einwohner betreiben noch ein wenig Landwirtschaft und ernten Kokosnüsse. Die Früchte dienen als Nahrungsmittel, die Schalen werden als Feuerholz genutzt und das Holz der Palmen dient zum Wohnungs- und Schiffsbau. Die großen Blätter lassen sich zur Dacheindeckung nutzen. Besonders beeindruckend ist es, beim Bootsbau zuzusehen. Wir beobachten, wie ein großes Dhoni fertiggestellt wird. Die Malediver sind geschickte Handwerker, die den Bootsbau seit vielen Jahrhunderten hervorragend beherrschen. Natürlich kommen heute auch Maschinen zum Einsatz, aber vieles ist nach wie vor Handarbeit.

Nachmittags kommen die Fischer von der Ausfahrt zurück. Heute war ein guter Tag. Die Körbe sind voll mit verschiedenen tropischen Fischen, die uns zum Kauf angeboten werden. Doch wir begnügen uns mit einigen Kokosnüssen, deren Milch herrlich erfrischend ist. Schon bald wird es mit dem einfachen Leben auf Maamigili vorbei sein. Ein großer Teil wird für den Bau eines neuen Flughafens benötigt. Die Rollbahn und ein Teil der Gebäude standen bei unserem Besuch bereits. Die Landepiste ragt weit in die Riffe hinaus, die dadurch zerstört wurden. Zudem wird jede Menge Korallenkalk beim Bau benötigt. Der Flughafen sei notwendig, wird uns mitgeteilt, um den Tourismus weiterzuentwickeln. Speedboote und Wasserflugzeuge sollen zur Bewältigung des Verkehrs schon bald nicht mehr ausreichen. Denn die Hotelinseln werden immer weiter ausgebaut. Weil es an den Stränden keinen Platz mehr gibt, entstehen immer mehr Wasserbungalows, die auf Stelzen ins Riff hinein gebaut werden. Auch dies – wie jede Baumaßnahme in diesem empfindlichen Ökosystem – führt zu erheblichen Schäden an den Riffen, doch die Wasserbungalows lassen sich als Luxusdomizil gut vermarkten und sind bei den Gästen begehrt. Daher folgen immer mehr Inseln diesem Trend. Egal an welcher Insel man vorbeifährt, überall sieht man die weit ins Riff hinausragenden neuen Bungalowanlagen.

UNTERWEGS IM ARI-ATOLL

Vom Südrand aus durchqueren wir in einem Zickzackkurs das Ari-Atoll. Es ist knapp 90 Kilometer lang und 30 Kilometer breit. Insgesamt gibt es hier mehr als 100 Inseln, von denen 18 von Maledivern bewohnt sind. 29 wurden zu zum Teil großen Hotelresorts umgebaut, die in den Reisekatalogen aller namhafter Reiseveranstalter der Welt zu finden sind. Das Spektakuläre am Ari-Atoll sind vor allem seine Tauchplätze. Wir nehmen zunächst Kurs zu Hukuru Elhi Fari, von Tauchern schlicht Manta-Point genannt. Es liegt zwischen den Inseln Huruku Fushi und Rangali Finolhu am südlichen Rand des Atolls. Zwischen Dezember und April kann man an dieser Putzstation mehrere große Mantarochen beobachten, die elegant über dem Meeresboden schweben und sich hier durch Schwärme kleiner Fische von Parasiten säubern lassen. Die Mantarochen kommen aus tieferen Gewässern zur Reinigung herbeigeschwommen und kreisen gemächlich um die Putzstelle oder bleiben einfach in der Strömung stehen. Taucher lassen sich wegen der Strömung oft genug auf dem Boden nieder und verhalten sich möglichst ruhig, da dann die Mantas majestätisch über sie hinweg gleiten.

Auch wir folgen dem Beispiel der anderen, außer dass wir uns bemühen, den Grund nicht zu berühren. Es ist ein tolles Gefühl, wenn ein Rochen mit einer Spannweite von mehr als vier Metern direkt über einem seine Bahnen zieht und immer wiederkommt. Wenn mehrere Tauchschiffe vor Ort sind, drängen sich die Taucher um die besten Plätze und dann kann es schwierig werden, gute Unterwasserfotos zu machen. Manchmal kommt es dabei sogar zu Streitigkeiten und Handgreiflichkeiten, die auch wir erleben. Sich unter Wasser um eine Fotoposition zu streiten, erscheint uns mehr als albern.

Berühmt ist auch das Woshimasmiyara Thila, unter Tauchern einfach Fishhead genannt. Der Tauchplatz beginnt in einer Tiefe von etwa zwölf Metern und fällt steil auf weit über 30 Meter ab. Oft gibt es hier Strömung und damit verbunden einen gigantischen Fischreichtum. Wir tauchten hier mit mehreren beeindruckenden Napoleonfischen, Fledermausfischen, Nasendoktoren, Füsilieren und Schwärmen von Stachelmakrelen. Früher war dieser Tauchplatz für hautnahe Begegnungen mit Haien berühmt. Doch wir haben Pech und sehen tagsüber nur wenige kleinere Exemplare in der Ferne. »Haie gibt es nur noch selten«, meint unser Tauchguide achselzuckend, »leider ausgerottet wegen der Flossen und Zähne.« Zwar ist die Jagd auf Haie inzwischen innerhalb der Atolle verboten, und auch das Fishhead steht unter Naturschutz, doch vielerorts scheint es vor allem für die großen Haie auf den Malediven bereits zu spät zu sein. Immer noch werden

Haigebisse auf den Inseln als Souvenir für Touristen angeboten. Wer so etwas kauft, fragen wir unseren Guide. »Mancher spielt zu Hause gern den großen Jäger, zeigt das Gebiss als eigene Trophäe. So macht man Eindruck«, sagt er. »Für die Verkäufer ein gutes Geschäft, für die Haie ein weiterer Schritt in Richtung Ausrottung.« Besonders grausam ist das sogenannte Shark-Finning (siehe Seite 120). Zunächst werden die Haie mit Langleinen gefangen, dann werden ihnen bei lebendigem Leib die Flossen abgeschnitten. Das Fleisch gilt als minderwertig, daher wird der Hai nach dem Abtrennen der Flossen zurück ins Meer geworfen, wo er qualvoll verendet. Diese Barbarei wurde an Millionen Haien vollzogen, die auch dadurch an den Rand der Ausrottung gerieten. Leider ist in einigen Ländern, vor allem in China und anderen asiatischen Staaten, die Haifischflossensuppe immer noch ein Statussymbol, so dass das große Abschlachten trotz aller Proteste und Verbote immer noch weiter geht.

In den Jahren 1997/1998 wurden großen Teile des Indischen Ozeans von einem großen Korallensterben erfasst. Viele Riffe der Malediven haben sich in den darauf folgenden Jahren wieder erstaunlich gut erholt.

Zu den Höhepunkten einer jeder Maledivenreise gehören Begegnungen mit Walhaien, den größten Fischen der Welt. Die friedlichen Filtrierer sind an manchen Außenriffen regelmäßig zu sehen. In diesem Fall sprang die Schnorchlerin aus dem Boot ins Wasser – ohne zu wissen, dass der Walhai direkt unter ihr schwimmt.

Wegen einer kaum schmackhaften traditionellen Speise in Asien wird eine ganze Tiergruppe an den Rand der Ausrottung gebracht – und mit ihr das gesamte Ökosystem Ozean destabilisiert.

❗ Haie in Gefahr: Wie die Topräuber der Meere ausgerottet werden

Ein Beitrag von Walter Buchinger Sharkproject International

Eine exakte Statistik, aus der sich die Zahl der jährlich getöteten und/oder gefinnten Haie genau ablesen lässt, gibt es nicht. Das liegt zum einen daran, dass in den Dokumentationen der FAO (Food and Agriculture Organisation) bei allen Fischereiprodukten die Fangquoten in Tonnagen angegeben werden, zum anderen an einer beträchtlichen Diskrepanz in den Aufzeichnungen der internationalen Zollbehörden, in denen penibel der weltweite Verkehr aller Waren und Dienstleistungen nachzulesen ist.

Wenn die Angaben stimmen, werden 20 Prozent mehr Haikadaver und 60 Prozent mehr Haiflossen in Handels- und Verbraucherländer importiert, als den Exportangaben der Fangnationen entsprechen würde. Dafür gibt es einen einfachen Grund: Die von den Fischereiländern gemeldete Ausbeute ist Grundlage bei den jährlichen internationalen Verhandlungen zur Festlegung der Fangquoten, eine Beibehaltung oder gar Steigerung der zugestandenen Tonnagen lässt sich bei niedrigen Werten besser argumentieren …
Wie also kann man von diesen vagen Angaben zu einer nachvollziehbaren Aussage über die tatsächliche Anzahl der getöteten Haie kommen? Seriöse Wissenschaftler haben die Durchschnittsgewichte gefangener und/oder gefinnter Haie erhoben sowie das Gewicht getrockneter Flossen in Beziehung zu den

Kadavergewichten verschiedener Haiarten gestellt. Den offiziell gemeldeten Importtonnagen nach läge die Zahl weltweit getöteter Haie unter Berücksichtigung der statistischen Streubreite jährlich zwischen 98 bis 118 Millionen Tieren. Nicht inkludiert hierin sind allerdings die Anteile der Piratenfischerei, von der OECD 2005 auf 30 Prozent geschätzt, der Beifang, die Sport- und Küstenfischerei sowie korrigierte Mengenangaben aus jenen Ländern (allen voran China und Japan), deren Angaben im Vergleich mit anderen Fangnationen ganz einfach nicht plausibel sein können.

Man kann davon ausgehen, dass bei Berücksichtigung dieser Fakten die nach der publizierten Importstatistik berechnete Gesamtzahl jährlich getöteter Tiere damit um gut 50 bis 100 Prozent nach oben zu korrigieren ist und somit bei etwa 200 Millionen Haien liegt.

Der Anteil an (Hochsee-)Haien, die ihrer Flossen wegen getötet und gehandelt werden, betrug 2008 nach der offiziellen FAO-Fischereistatistik 44 Prozent, es muss aber wohl angenommen werden, dass sowohl die illegale Piratenfischerei wie auch die Küstenfischerei dazu beitragen, diese Quote auf über 50 Prozent zu heben, selbst ohne Berücksichtigung der nicht nachvollziehbaren Angaben der asiatischen Fangnationen.

Das heißt, dass weit mehr als die Hälfte der Haie getötet werden, um lediglich mit ihren Flossen als Bestandteil einer Suppe oder als Potenzmittel zu dienen. Die brutalste Art des Finnings – das Abtrennen der Flossen von lebenden Haien und die anschließende »Entsorgung« der manövrierunfähigen Tiere im Meer – ist bedauerlicherweise nicht nur der illegalen

Fischerei oder asiatischen Ländern vorbehalten. So unglaublich es klingt, aber auch Fischereinationen der EU, allen voran Spanien und Portugal, bedienen sich dieser Methode. Einige EU-Abgeordnete haben im November 2011 die Initiative ergriffen, um ein generelles Finningverbot innerhalb der EU zu erwirken. Die Beschlussfassung durch das EU-Parlament steht noch aus. Allerdings – schon 2003 hat es die Entscheidung gegeben, die Anlandung von Haien nur mehr komplett, also mit Flossen zu gestatten. Dieses »Finning an Land« würde zumindest die Zahl der getöteten Tiere vermindern. Die Fischereilobby konnte damals jedoch unzählige Ausnahmegenehmigungen erwirken, um auch Kleinsttrawlern, deren Ladekapazität zwar für Flossen, nicht aber für komplette Haikadaver ausreicht, einen Anteil an diesem lukrativen Geschäft zu sichern. Größter Umschlagplatz für den Handel mit Haiflossen ist Hongkong, an der Spitze der Herkunftsländer steht Spanien, gefolgt von Singapur und Taiwan.

Schon seit Jahren laufen international zahlreiche Initiativen, das Finning zumindest einzudämmen (USA, Australien, Brasilien, Costa Rica, Mexiko, Neuseeland, Oman, Panama u. a.). In letzter Zeit haben einige Staaten (Honduras, Bahamas, Marshall Islands, Guam, Palau, Chile u. a.) ihre Schutzzonen für den Haifang ausgedehnt oder ein generelles Finningverbot erlassen.

Ein Erfolg der bisherigen Strategie kann aus der Statistik der letzten Jahre leider nicht abgeleitet werden. Am wirkungsvollsten wäre wohl ein Handelsverbot für Haiflossen. Ein derartiges Gesetz gibt es bereits in Hawaii, Guam, Oregon, Washington und Kalifornien. Ob dies in China – dem auf Grund der Bevölkerungsentwicklung prosperierendsten Markt für Haiflossen – umsetzbar wäre, scheint allerdings fraglich …

Was der Walhai unter den Haien, ist der Manta unter den Rochen: der Größte in seiner Verwandtschaft. Begegnungen mit den imposanten, aber harmlosen Mantas sind immer faszinierend, doch ganz besonders beim Nachttauchen, wenn sie im Fressrausch mit offenem Maul ganz nahe an den Taucher heranschwimmen.

Nachttauchen

Das Tauchen im Ari-Atoll hat uns in seinen Bann gezogen. So planen wir mitten im Atoll einen Nachttauchgang an einem etwa zehn Meter tief liegenden Riff. Ein Taucherpaar nach dem anderen steigt, ausgerüstet mit genügend Lampen, ins Wasser und gleitet zum Riff hinab. Dass die Sicht an diesem Abend gut ist, erkennt man sofort an den Lichtkegeln der Unterwasserscheinwerfer unserer Freunde, die wir vom Boot aus beobachten. Dann springen auch wir und tauchen vom Boot zum Riff. Fast noch mehr als am Tag muss man in der Dunkelheit darauf achten, nichts zu berühren, um die zerbrechlichen Korallen nicht zu schädigen. Selbst für uns als erfahrene Taucher ist das nicht immer leicht, da die Scheinwerfer den Blickwinkel stark einschränken und nur einen Ausschnitt des Riffs beleuchten. Wir sind fasziniert von der nächtlichen Stimmung, die sich von jener am Tag stark unterscheidet. Wir beobachten schlafende Papageienfische und eine große Schildkröte, die langsam über das Riff schwebt. Schließlich erfassen die

Scheinwerfer unserer Unterwasserkamera einen großen Stachelrochen, der auf Nahrungssuche zu sein scheint. Plötzlich schüttelt er sich, und im Riff treibt eine Sedimentwolke nach oben. Offenbar waren seine Bemühungen erfolgreich. Riesenmuränen suchen frei schwimmend in den Spalten nach Beute. Uns fährt ein wenig der Schreck in die Glieder, als plötzlich zwei Haie in unsere Scheinwerferlichter gelangen: Es sind recht imposante Weißspitzenriffhaie, die sich zur nächtlichen Jagd aufgemacht haben. Mit eleganten Bewegungen gleiten sie zwischen den Korallenstöcken hin und her und versuchen einige schlafende Füsiliere zu erwischen, die sich zwischen den Korallenzweigen verstecken. Menschen sind als Beute für diese Haiart viel zu groß und völlig uninteressant. Das ist uns auch unter Wasser klar, dennoch ist der Adrenalinausstoß hoch. Heute sind alle nächtlichen Prädatoren des Meeres unterwegs, ein unfassbares Erlebnis und der wohl imposanteste Nachttauchgang unseres Lebens. Blitzschnell schießen große Nasendoktoren und Stachelmakrelen aus dem dunklen Wasser zum Riff. Das bunte nächtliche Treiben lässt

Muränen sind legendenumwobene Bewohner des Riffs, die vor allem nachts auf Jagd gehen. Tagsüber lauern sie in ihren Höhlen und beäugen die Umgebung – und die Taucher, die zu nahe kommen.

uns den Tauchgang bis zur letzten Sekunde genießen. Erst als die Lampen nachlassen und der Druck in den Flaschen in die roten Zonen fällt, tauchen wir auf und schnorcheln zum Schiff zurück. Dieser Abend verstärkt unsere Überzeugung, dass es sich lohnt, alles Menschenmögliche zu unternehmen, um die weitere Zerstörung der Meere einzubremsen.

Etliche fantastische Tauchplätze warten allein im Ari-Atoll auf die Freunde der Unterwasserwelt. Wir würden hier problemlos noch ein paar Wochen auf Entdeckungstour gehen, doch unsere Reise geht in den Süd-Male-Atoll weiter.

IM SÜD-MALE-ATOLL

Dieser Korallenring ist durch den 1800 Meter tiefen und vier Kilometer breiten Vadhoo-Kanal vom Nord-Male-Atoll getrennt. Nicht allzu viele Seemeilen trennen die meisten Inseln des Atolls vom Flughafen und der Hauptstadt Male. Daher wurden hier schon früh zahlreiche Inseln für den Tourismus umgestaltet. Man braucht nicht umständlich mit dem Wasserflugzeug anzureisen, nach nicht einmal einer Stunde Fahrt mit dem Schnellboot kommt man in der Regel auf der Urlaubsinsel an.

Auch das Süd-Male-Atoll bietet viele einzigartige Tauchplätze. Uns gefällt der Guiradhoo-Kanal mit seinen zahlreichen Fischschwärmen sehr gut. In der mitunter recht starken Strömung wiegen sich zahllose Weichkorallen und Gorgonien, was dem Tauchplatz eine ganz besondere Note verleiht. Das Tauchgebiet steht inzwischen ebenso unter Naturschutz wie der bei Tauchern berühmt-berüchtigte Embudu-Express. Ein Tauchgang ist wegen der enorm starken Strömung nur erfahrenen Tauchern zu empfehlen. Zunächst fährt man in die Mitte des Kanals und wartet auf einlaufendes Wasser. Dann geht es schnell auf 30 Meter Tiefe hinunter, wo man sich mit der Strömung treiben lässt. Man muss stets darauf achten, gut zu tarieren, den Rest erledigt die Strömung. Unterwegs sieht man Thunfische, kann Adlerrochen beobachten und begegnet mit ein wenig Glück auch Haien. Wer sich noch tiefer traut, kann am Vaadhoo-Kanal in 40 Metern Tiefe schöne Höhlen erkunden, ebenso Steilwände und große Korallentürme. Außerdem finden sich hier auch mehrere Tauchplätze, an denen man des öfteren Mantarochen begegnet.

Kaiserfische gehören zu den imposantesten Fischen des Riffs, die durch auffällige, plakative Farben und Muster auffallen. Sie sind territorial. Der Pfauen-Kaiserfisch (Pygoplites diacanthus) zählt zu den farbenprächtigsten.

Im Süd-Male-Atoll besuchen wir die Hotelinsel Olhuveli, eine Vier-Sterne-Anlage, die bei zahlreichen europäischen Reiseveranstaltern im Programm ist. Die nicht allzu große Insel ist mit Strandbungalows weitgehend verbaut. Hinzu kommen etliche Wasserbungalows, die auf Stelzen im Meer stehen. Olhuveli setzt bei gehobenen Preisen voll auf Entspannung. Wer zu müde zum Laufen ist, kann sich vom Elektrokarren zum Pool oder Restaurant fahren lassen. Die Strände sind schön, der Sand jedoch zum Teil recht grobkörnig. Einige Gäste verzichten daher auf ein Bad im Meer und kühlen sich lieber im Swimmingpool ab. Einer der Pools ist wie eine Betonwanne ins Meer hineingebaut, so hat man die Illusion, man bade im Ozean. In der Mitte der Insel liegt eine große Spa-Anlage. Angeboten werden diverse Massagen, aber auch Maniküre, Pediküre und ähnliche Dienstleistungen. Die Insel hat sich voll auf Wellness-Gäste eingestellt, die für eine Woche oder sogar noch kürzer kommen, um hier ein paar Tage Ruhe und Erholung zu suchen.

*Große Artenvielfalt zeichnet die indopazifischen Korallenriffe aus. Besonders beein-
druckend bewachsen sind gut beströmte, beschattete Stellen, Überhänge und kleine
Höhlen. Tauchen auf den Malediven kann nach wie vor traumhaft schön sein.*

Ein junger Schwarzspitzen-Riffhai patrouilliert in einer seichten Lagune. Typischerweise weichen die kleinen Fische des Schwarms zurück. Ihre individuelle Sicherheit hängt vom Schwarm ab; einzeln hätten sie gegen die Prädatoren keine Chance.

Eine Tauchbasis bietet regelmäßig Ausfahrten zu den bekannten Spots der Umgebung an. Das Hausriff erschien uns nicht besonders interessant, zumindest tagsüber nicht. Doch am Abend ändert sich dies schlagartig, da der Steg angestrahlt wird, und das lockt zahlreiche junge Mantarochen an, die schon von der Oberfläche aus gut zu beobachten sind. Wir fragen, ob wir mit dem Tauchgerät ins Wasser können. So gelingen uns einzigartige Nachtbilder von Teufelsrochen, die voll im Fressrausch sind, sich die Bäuche mit dem von den starken Scheinwerfern angelockten Plankton vollschlagen, ihre Loopings drehen und vor uns kaum Scheu zeigen. Nach ein paar Tagen haben wir vom idyllischen, aber ereignis-

armen Inselleben genug und setzen nach Male über.

Doch vorher beobachten wir noch etwas, worüber wir schmunzeln müssen: Am Ende des Stegs steht eine große Tafel mit der englischen Aufschrift »Do not feed the fish«. Plötzlich taucht ein Elektromobil auf, zwei Inselangestellte steigen aus, schleppen eine schwere Wanne zum Molenrand und kippen anschließend mindestens einen halben Kubikmeter Fischreste und Küchenabfälle ins Meer, was unter den Meeresbewohnern einen gigantischen Aufruhr verursacht. Selbst mehrere Meeresschildkröten und Haie erfreuen sich an diesem »Segen von oben«.

Die Buntheit, Formenvielfalt und Schönheit eines gesunden Korallenriffs ist absolut einzigartig und hat in Bezug auf die Artenzahlen kein entsprechendes Gegenstück an Land. Nirgendwo sonst auf unserem Planeten lassen sich auf kleinen Flächen so viele faszinierende Spezies beobachten.

Die beschuppte Haut eines Füsiliers. Diese Schwarmfische, die sich im Freiwasser in der Nähe der Riffe aufhalten, sind rund um die Malediven sehr häufig.

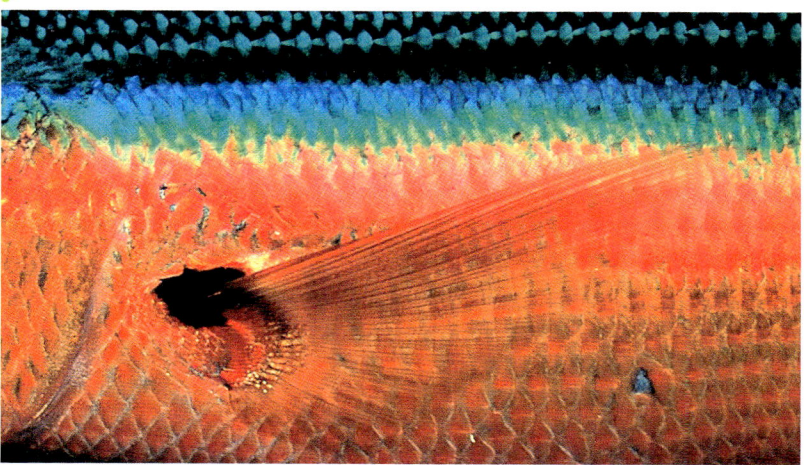

MALE

In der Hauptstadt herrscht der krasse Gegensatz zum beschaulichen Inselleben. Die Uferstraße ist überfüllt, und obwohl Male nur wenige Kilometer lang ist, schwirren Kleinlaster und Mopeds um uns herum. In den engen Gassen zwischen den Hochhäusern wimmelt es vor Menschen, am Fisch- und Gemüsemarkt ist kaum ein Durchkommen möglich, in den Hafenbecken drängeln sich Lasten-Dhonis, Sportboote und Wassertaxen. Male ist Regierungssitz. Alle Behörden, die wichtigsten Schulen und Krankenhäuser und natürlich auch alle Konsulate haben hier ihren Sitz. Hinzu kommen zwei prächtige Moscheen, von denen die Freitagsmoschee mit ihrer goldenen Kuppel das Stadtbild prägt.

Die Überbevölkerung war auf Male schon immer das größte Problem. Schon 1935 beklagte der britische Archäologe die vorherrschende Enge durch zu viele Menschen auf engem Raum. Und damals lebten bloß etwa 5000 Menschen auf Male! Heute ist die kleine Inselmetropole, wenn man die Flughafeninsel und Hulhumale außen vor lässt, die wohl am dichtesten besiedelte Stadt der Welt. Auf der Insel sind auf einem Quadratkilometer mehr als 40.000 Menschen zusammengepfercht! Wir lassen uns von den allgegenwärtigen Menschenmassen nicht abschrecken und durchstreifen die Insel zu Fuß. Es gibt einige Einkaufsgassen mit Supermärkten, Fachgeschäften, aber auch Souvenirshops und Schmuckläden. Meeressouvenirs findet man zum Glück nicht mehr so aufdringlich in den Auslagen drapiert wie noch vor wenigen Jahren, doch leider werden sie, wenn auch diskreter, immer noch feilgeboten. Beeindruckend ist der Fischmarkt mit seiner ungeheuren Vielfalt. Hier kann man, wenn auch nur als Auslage, die Vielfalt der

Fischarten des Indischen Ozeans sehen, auch solche, die man als Taucher kaum sieht. Viele der Hoteliers kaufen hier ein. Trotz des riesigen Angebots importieren sie dennoch einen Großteil der Nahrungsmittel wie Fleisch, Gemüse und Milchprodukte aus dem Ausland. Auch der Gemüsemarkt mit seinen Bergen an Kokosnüssen, verschiedenen Gemüsesorten, Gewürzen und Zitrusfrüchten ist einen Besuch wert.

Süßlippen, hier die Orient-Süßlippe (Plectorhinchus orientalis) *sind große, barschartige Fische, die Tauchern gegenüber wenig scheu sind.*

THILAFUSHI

Wir fragen uns bei dem geschäftigen Treiben, wo all der Abfall der vielen Menschen und Touristen bleibt. »Thilafushi«, antwortet uns ein Naturschützer der maledivischen Umweltorganisation Bluepeace. Gemeint ist eine künstliche Insel, die über Jahre aus Abfall entstand und immer noch weiter wächst. »Fahrt einfach mit der Fähre dorthin. Das ist das nackte Grauen, Öl, Giftmüll, alles ist dort zu finden. Es ist traurig, aber das sind die Sünden der Vergangenheit«, erklärt er weiter.

Wir beherzigen seinen Rat und setzen, ohne von jemanden gehindert zu werden, mit der Arbeiterfähre über. Schon von weitem dringt uns der Müllgestank in die Nase. Landungsboote und LKW liefern ständig neuen Müll. Er wird auf der Insel verteilt und mit Baggern verdichtet. Danach

Thilafushi, die Müllinsel der Malediven. Die ganze Insel besteht aus Müll. Die Frage der Müllbeseitigung gehört zu den brennendsten Umweltproblemen der Malediven – hier landet übrigens auch ein Teil des Mülls, der von den hunderttausenden Touristen produziert wird. Die meisten Besucher sind bei diesem Anblick empört, doch kaum jemand kennt brauchbare Lösungen.

Das Problem Thilafushi ist nicht bloß ein ästhetisches: Hier lagern auch gefährliche Umweltgifte, die einmal im Meer landen werden, eine tickende Umweltbombe. Sie gefährden das Leben im Meer und das der Menschen.

kommt ein wenig Korallenkalk darauf und fertig ist ein Stück neues Gewerbegebiet. Neuerdings soll der Müll getrennt werden, giftige Substanzen gesondert entsorgt werden. Zudem wird er teilweise verbrannt. Doch dies gilt bestenfalls für einen Teil. Wir entdecken Fässer mit Ölresten, die längst verrottet sind, sehen Farbreste und Chemikalien, die ins Meer geflossen sind.

»Thilafushi ist eine Giftbombe«, hat uns Bluepeace gewarnt. »Schwermetalle aus Elektroschrott, alles kommt ins Meer und dann über die Fische zu uns zurück.« Wir konnten es kaum glauben, doch der Besuch der Müllinsel überzeugt uns vom Gegenteil. Trotz all der Abfälle arbeiten und leben hier Menschen. Meist sind es Gastarbeiter aus Bangladesch, die hier für einige Cent pro Stunde in den mitten im Müll gebauten Fabriken arbeiten und leben. Sie schlafen neben den Werkhallen, eine Unterkunft auf Male ist für sie zu teuer. Vom wenigen Geld das sie erhalten, müssen sie meist ihre Familie in der Heimat unterstützen. »Arbeitsverträge gibt es nicht, nur *hire and fire*«, berichten sie uns. So geht es vielen der zahlreichen Gastarbeiter, die nicht nur auf der Müllinsel, sondern auch in großer Zahl in den Hotelresorts arbeiten. Die Löhne, die einheimische Arbeitskräfte verlangen, sind den meist schwerreichen Besitzern der Hotelresorts oftmals zu hoch.

Inzwischen mögen die Umweltbedingungen und Arbeitsverhältnisse vielleicht ein wenig besser geworden sein. Immerhin hat die Regierung die Missstände inzwischen eingeräumt. Fest steht jedoch auch, dass die Lagune von Thilafushi über Jahrzehnte verseucht bleibt und ihr Gift weiter an das Meer abgeben wird.

IM NORD-MALE-ATOLL UND AUF KURAMATHI

Noch einmal brechen wir auf. Diesmal wollen wir das Nord-Male-Atoll erkunden, bevor es zum Abschluss unserer Tour auf die Insel Kuramathi geht. Hotelinseln wie Kurumba liegen nur wenige Bootsminuten vom Flughafen entfernt. Der Trend im Tourismus geht auch hier zu immer mehr Luxus. Waren es früher nur ein paar Fünf-Sterne-Hotels, sind heute Sechs-Sterne-Anlagen wie das Four Seasons Resort oder das Soneva Gili das Maß aller Dinge.

Dagegen wirkt die Vier-Sterne-Anlage Paradise Island geradezu wie ein Schnäppchenangebot. Viele Urlauber, die wir hier trafen, waren mit ihrer Insel zufrieden. Essen gut, Bungalows sauber, die Nebenkosten halbwegs erträglich, zahlreiche Ausflugsangebote, großer Wellnessbereich und schöner Swimmingpool. Anderen und auch uns fiel auf, dass sich das natürliche Strömungs- und Sedimentationsgeschehen an der Insel durch die massiven Aus- und Umbauten völlig verändert hat. Es wurden Kanäle angelegt, zahlreiche Wellenbrecher ins Meer gekippt und natürlich eine lange Reihe von Wasserbungalows ins Riff gesetzt. An der Hafenseite war bei unserem Besuch das Wasser trüb und verunreinigt, auf der anderen Seite konnte man an einigen Stellen wegen der starken Strömung nicht ins Wasser. Lebensgefahr! Ein Umbau, der den Investoren vielleicht kurzfristig mehr Geld einbringt, auf uns aber aus ökologischen Gründen alles andere als überzeugend wirkte.

Hat man sich damit abgefunden, verläuft der Urlaub wie auf den meisten anderen Inseln in ruhigen Bahnen. Wer will kann fischen gehen, mit dem Jetski andere Gäste verärgern oder sich einer Tauchtour anschließen. Auf jeden Fall kommen Taucher auch im Nord-Male-Atoll auf ihre Kosten. Am Shallow Point sieht man viele Barrakudas, am Lions Head findet man sehr schöne Korallenüberhänge, das Regenbogenriff zeichnet sich durch große Fischschwärme aus und im Blue Canyon wachsen viele wunderschöne Weichkorallen. Lange ließe sich diese Liste fortsetzen, und auch für Freunde des Wracktauchens ist etwas dabei.

Ganz in der Nähe des Flughafens liegt in 35 Metern Tiefe die 110 Meter lange *Maldives Victory* aufrecht auf dem Meeresgrund. Oft herrscht hier starke Strömung, was einen Tauchgang anstrengend und für Anfänger ungeeignet macht. Wer die Mühen nicht scheut, wird durch den Anblick eines intakten Wracks und großer Fischschwärme entschädigt.

Nachdem wir das Nord-Male-Atoll durchquert haben, steuern wir die Insel Kuramathi im Rasdhoo-Atoll an. Mit mehr als zwei Kilometern Länge gehört das dicht mit Sträuchern und Kokospalmen bewachsene Eiland zu den großen Malediveninseln. Die Größe hat den Vorteil, dass der Tourismus trotz vieler Besucher nicht allgegenwärtig scheint. Auf Kuramathi kann man zumindest einige Schritte gehen, ohne gleich vor dem nächsten Strand- oder Wasserbungalow zu stehen.

Eine angenehme Überraschung ist die Bio-Station auf der Insel. Der Wiener Meeresbiologe Dr. Reinhard Kikinger unterhält hier eine kleine Forschungseinrichtung, die gern von an der Natur interessierten Gästen besucht wird. Regelmäßig gibt es spannende Vorträge zur

Napoleon-Lippfische (Cheilinus undulatus) *leben in den Korallen-riffen tropischen Indopazifiks, einschließlich des Roten Meeres. Der Liebling der Taucher und Schnorchler ist vor allem durch die Nachfrage asiatischer Märkte bedroht, wird aber auch überall im Verbreitungsgebiet gefischt. Der imposante Fisch ist mit maximal 2,2 Metern und fast 200 Kilogramm Gewicht der bei weitem größte Lippfisch* (Labridae).

Der Edel-Haarstern (Comanthina nobilis) *ist in den seichteren Korallenriffen des Indischen Ozeans weit ver-breitet. Haarsterne und Seelilien* (Crinoidea) *zählen wie die Seesterne, Schlangensterne, Seeigel und Seegur-ken zu den Stachelhäutern* (Echinodermata). *Ihre Blütezeit erlebten die gestielten Seelilien bereits vor 400 Millionen Jahren. Haarsterne sieht man vor allem an gut beströmten, exponierten Stellen des Riffs, wo sie Plankton aus dem Wasser herausfiltern.*

Unterwasserwelt und Riffökologie der Malediven. Zudem bemüht man sich, die vor der Insel liegenden Riffe zu bewahren und es gibt sogar einen wenn auch kleinen Naturlehrpfad, der den Gästen die Pflanzenwelt der tropischen Inseln nahe bringt. Wer will, kann Ausflüge zu anderen Inseln unternehmen. Das uns sinnlos vorkommende Nachtfischen wird aus ökologischen Gründen im Gegensatz zu vielen anderen Inseln hier nicht angeboten. Das nächtliche Angeln vom Boot aus ist umstritten, da viele der gefangenen Fische, die hilflos in den Eimern zappeln, verletzt oder tot zurück ins Meer geworfen werden – oder man lässt sie auf dem Steg elendig zugrunde gehen. Der Fischbestand wird unnötig reduziert.

Taucher schätzen die Riffe vor Kuramathi. Viele kommen von weit her, um hier Hammerhaie zu beobachten. Auch wir versuchten unser Glück schon mehrfach, was bislang jedoch nicht von Erfolg gekrönt war.

Ein Dhoni, das traditionelle Boot der Malediven, dümpelt in einer Lagune verankert. Jahrhundertelang blieben die Dhonis in ihrer Grundform unverändert – perfekt an die vorherrschenden Wasser- und Wetterverhältnisse angepasst. Ursprünglich dienten sie dem Fischfang und dem Transport von Waren, mittlerweile sind sie Touristen bestens als Tauchboote bekannt. Die einstigen Segelboote sind heute mit Dieselmotoren ausgestattet. Ein Dhoni zu bauen ist das wichtigste Kunsthandwerk der Malediver, ein substantieller Bestandteil der Kultur des Archipels.

*Einsamer Korallenstock (Gattung Acropora, Ge-
weihkorallen) in einer Lagune auf den Malediven.
Die allermeisten riffbildenden Steinkorallen der
Malediven sind im El Niño-Jahr 1998 abgestorben.
Die Aufnahme ist im Herbst 2003 entstanden;
die Regeneration der Riffe ist auf den Malediven
bisher recht erfreulich verlaufen. Doch jede länger
anhaltende Erwärmung, gepaart mit weiteren
schädlichen Umweltfaktoren, könnten die jungen
Riffe innerhalb kurzer Zeit vernichten.*

*Ein Blatt treibt in einer ruhigen, durch ein Korallen-
riff geschützte Lagune der Malediven. Korallenriffe
sind einzigartige Lebensräume, die eine Vielfalt des
Lebens präsentieren, wie man sie sonst nirgendwo
auf der Erde erleben kann, auch nicht im tropischen
Regenwald. Doch sie erfüllen auch viele für die
Menschen der Küsten und Inseln lebenswichtige
Funktionen. Intakte Riffe könnten dafür sorgen, dass
Inselreiche wie die Malediven mit dem steigenden
Meeresspiegel nicht untergehen. Kranke und ge-
schädigte Riffe vermögen es nicht, Schutz zu bieten.
Sie könnten den erosiven Kräften des Meeres nicht
standhalten.*

Reine, saubere Natur, soweit das Auge reicht – das ist der Eindruck, den man von so einem Foto gewinnt. Leider sieht die Realität völlig anders aus: Jede noch so kleine Sandbank, jede unbewohnte Insel, ist knietief mit Müll bedeckt, vor allem mit Plastik. Die Plastikteile werden zu Kleinstpartikeln zerrieben, deren Menge zwischenzeitlich die Dichte des natürlichen Planktons übertrifft. Die Plastikteilchen binden Umweltgifte wie Schwermetalle, dann gelangen sie ins Nahrungsnetz und damit auf unsere eigenen Teller.

DIE
BALEAREN

DIE BALEAREN

Ein Ausflug nach Cabrera (Parque Nacional Marítimo-Terrestre del Archipiélago de Cabrera) lohnt auf alle Fälle. Die Taucher erwartet eine Unterwasserwelt, wie man sie aus dem Mittelmeer kaum noch kennt. Und das Land in diesem 1991 eingerichteten Nationalpark bietet genau jene typische mediterrane Landschaft mit endlosen Trockenmauern und einer Garrigue, wie man sie liebt. Es ist ein Vogelschutzgebiet europäischen Ranges.

Die Islas Baleares oder Illes Balears, wie die Inseln auf Spanisch bzw. Katalanisch genannt werden, gehören zu den beliebtesten Reisezielen europäischer Urlauber. Derzeit strömen jedes Jahr mehr als 13 Millionen Gäste nach Mallorca, Menorca, Ibiza und Formentera. Vom Festland trennen sie je nach Insel zwischen 90 und 200 Kilometer westliches Mittelmeer. Zwischen den Inseln und auch dem spanischen Festland verkehren regelmäßig Fähren, der Löwenanteil der Gäste kommt jedoch per Flugzeug. Ibiza, Mallorca und Menorca verfügen über gut ausgebaute internationale Flughäfen, von jeder größeren Metropole Europas kann man die Inselgruppe täglich anfliegen.

Jährlich locken die Balearen Millionen von Touristen an.

Die Balearen haben eine Art Länderparlament, eine Regierung und einen Präsidenten. Wichtigste Aufgaben sind Bildung, Gesundheit, Handel und Industrie, aber auch Umweltschutz und Tourismus sowie Soziales. Weiterhin gibt es Inselräte, die die Interessen der einzelnen Inseln vertreten. Sie sind unter anderem für den Bausektor zuständig. Mangelnde Kontrolle führte hier in der Vergangenheit zu zahlreichen Bauskandalen, die dem Image der Balearen stark schadeten.

Die Besiedlung der Inseln geht bis ins vierte Jahrtausend vor Christus zurück. In der Antike lebten hier zunächst Phönizier, später Römer. 123 vor Christus wurden die Inseln durch Quintus Caecilius Metellus Balearicus erobert, der hier Südspanier ansiedelte, die zunächst Palma und Polentia auf Mallorca gründeten. Wechselhaft war auch die weitere Geschichte der Inseln im Mittelalter. Im zehnten Jahrhundert gehörten sie zum Kalifat von Córdoba, später zu Aragonien. Zwischenzeitlich gab es ein Königreich Mallorca, später fielen die Balearen zum Königreich Spanien. Menorca war etwa hundert Jahre in britischer Hand. Der Einfluss der Briten, die Menorca bis 1802 besetzt hielten, ist bis heute spürbar.

Erstaunlich ist die Bevölkerungsentwicklung der Balearen in jüngerer Zeit. Lebten 1981 etwa 656.000 Menschen auf den Inseln, waren es 2001 bereits 841.669 und 2009 sogar nahezu 1,1 Millionen. Ein Beleg für die ungebrochene Popularität der Balearen und den anhaltenden Boom des Tourismus, der für entsprechend viele Arbeitsplätze sorgt. Das Lohnniveau auf den vier Baleareninseln ist relativ hoch – es liegt ein knappes Fünftel über dem Landesdurchschnitt. Der mehr oder weniger krisenfeste Tourismus und die Hoffnung auf Arbeitsplätze lässt zahlreiche junge Menschen aus ganz Spanien auf die Inseln kommen, die in ihrer krisengeschüttelten Heimat sonst nur wenig Chancen auf einen Arbeitsplatz haben.

Mallorquinische Landschaftsidylle. Abseits der touristischen Zentren findet der Naturliebhaber noch Ruhe und mediterrane Natur.

Auch (oder gerade?) das sind die Balearen: Ballermann 6, ein Strandlokal an der Platja de Palma auf Mallorca. Auf einer Strecke von fast vier Kilometern finden sich hier insgesamt 15 Strandlokale, Balneario N° 1 bis Balneario N° 15. Berühmt-berüchtigt ist insbesondere der Balneario N° 6 bzw. Ballermann 6 – er wird mit einer bestimmten Art Massentourismus vor allem aus Deutschland in Verbindung gebracht.

Noch gibt es zum Glück auch das: Mallorca auf jene Art, wie wir uns danach sehnen, als ideale Mischung von Kulturraum und Natur jenseits der Betonburgen, als magischer Ort, an dem unsere Sehnsüchte nach Sonne und Süden erfüllt werden.

MALLORCA

Unser erstes Ziel ist Mallorca, die größte und mit Abstand bevölkerungsreichste der Baleareninseln. Nahezu 870.000 Einwohner leben hier dauerhaft, knapp die Hälfte von ihnen, rund 400.000, in der Hauptstadt Palma, deren Trabantensiedlungen weniger an eine Inselhauptstadt als an eine ganz normale spanische Großstadt erinnern. Großstädtische Dimensionen hat auch der Flughafen Son Sant Joan, der alle paar Jahre erneut aus allen Nähten platzt. In der Hochsaison spucken die Jets Hundertschaften an Urlaubern im Minutentakt aus. Die meisten Gäste kommen aus Großbritannien und Deutschland. London, Düsseldorf, Bristol, München, Glasgow und Frankfurt sind teilweise sogar mehrfach täglich per Direktflug erreichbar.

Wir sehen uns zunächst die beliebtesten Urlaubszentren an. Die Playa de Palma, man hört es schon am Gröhlen der Urlauber, ist fest in deutscher Hand. Am Ballermann in El Arenal drängen sich die bereits tagsüber oft benebelten Gäste dicht an dicht. Aus Kneipen und Diskotheken dröhnt laute Schlagermusik. Alle Klischees werden erfüllt, alle Vorurteile gegenüber Schinkenstraße und Co. scheinen zu stimmen. Es ist schon lustig, einmal die Promenade an der Playa de Palma entlang zu schlendern und die Massen der Amüsierwütigen zu beobachten. Doch nach einigen Stunden in El Arenal dröhnt auch der eigene Kopf gewaltig. Da hilft nur ein Spaziergang weg vom Trubel.

Untergebracht sind die Urlaubermassen in den Hotels hinter der Promenade. Oft sind es seelenlose Betonbunker, die dicht an dicht zusammenstehen. Als Faustregel gilt: Je weiter sie vom Strand entfernt liegen, desto günstiger sind sie. Vor der Autobahn folgen dann die heruntergekommenen Unterkünfte für Saisonarbeiter und wilde Müllkippen, die wir hier gleich mehrfach fanden. Die Playa de Palma: für Amüsierwütige ist sie eine einzige Partymeile, für viele Einheimische der Ausdruck eines längst überholten Prolotourismus.

Umweltschützer wie Macià Blázquez wollen den Tourismus an der Playa de Palma schon lange beschränken. Weniger Gäste, mehr Qualität ist das Ziel. »Die alten Bettenburgen sollen verschwinden und die Gäste länger bleiben«, sagt Macià Blázquez. Dem Professor sind vor allem die Kurzurlauber ein Dorn im Auge. Mancher kommt nur zum Wochenende und säuft mehr oder weniger durch, bis es am Montag früh in Deutschland oder sonstwo in Europa wieder zur Arbeit geht. Ein zunehmend verbreitetes Phänomen, welches durch zahllose Billigflugangebote erst möglich wird.

Wer glaubt, die Playa de Palma sei der Nabel des Sauftourismus, war noch nicht in Magaluf am westlichen Ende der Bucht von Palma. Noch bizarrer, noch geschmackloser als in Arenal reiht sich hier Bettenburg an Bettenburg. Überall riecht es nach »fish and chips«. Bingo-Billard, Spielhallen und jede Menge Pubs bestimmen das Straßenbild. In einem der Clubs steht die größte Schaumkanone der Welt und Kampftrinken bis in die Nacht ist in Magaluf ein beliebter Urlaubssport. Den Rausch kann man am nächsten Tag am Strand ausschlafen. Weit über tausend Liegen und Sonnenschirme stehen zur Vermietung bereit. Probleme mit der Abfall- und Müllentsorgung entdecken wir auch hier. Dazu kommen Sorgen mit Urlaubsgästen, die sich offenbar zu Hundertschaften in der freien Natur erleichtern, was nicht nur empfindliche Nasen stört. Manchmal funktionieren aber auch die Kläranlagen nicht und viele Skipper spülen die Bordtoilette gleich in Strandnähe. Auch wenn die Strände medienwirksame Umweltauszeichnungen bekommen, uns fiel an zahlreichen Stellen die Überdüngung des Meeres auf, besonders an den Zentren des Tourismus wie in der Nähe von Palma.

Die Stadt selbst ist mehrere Besuche wert, zumindest ihr historischer Teil. Wir genießen einen Bummel durch die engen Gassen der Altstadt. Immer wieder stoßen wir auf historische Häuser und Palais, die ganz im Gegensatz zu den Bettenburgen der Moderne mit viel Geschmack errichtet wurden. Keinesfalls sollte man sich auch einen Besuch der Kathedrale entgehen lassen, die das Wahrzeichen von Palma darstellt. Außerhalb der Altstadt erscheint uns Palma als normale spanische Großstadt mit riesigen Einkaufszentren, einem dicht befahrenen Autobahnring und leider auch ausgedehnten Armenvierteln.

Im Tramuntana-Gebirge

Wer die Bucht von Palma verlässt, ist auch dem Massentourismus schnell entronnen. Wir fahren ins im Nordwesten der Insel liegende Tramuntana-Gebirge, das bis auf 1445 Meter Höhe ansteigt. Es besteht weitgehend aus Kalkstein, die Felsen sind schroff und steil. Partytouristen findet man hier kaum, dafür viele Wanderer und auch Radler, die gern im Frühjahr auf Mallorca trainieren. Die Küste fällt steil zum Meer hinab, an den Seitenhängen des Gebirgszuges liegen fruchtbare Täler. Man sollte sich unbedingt die Zeit nehmen, das Gebirge mitsamt der malerischen Dörfer und Kleinstädte zu erkunden. Es erstreckt sich vom Kap Formentor im Norden bis nach Andraitx im Südwesten. Beliebt sind Wanderungen durch die Schlucht Torrent de Pareis. Bei der mindestens vierstündigen Tour erlebt man die Großartigkeit der Bergwelt. Am Ende der Wanderung wartet ein kleiner, von Felsen eingerahmter Strand. Ganz ungefährlich ist die Wanderung jedoch nicht. Viele begeben sich in Sandalen und ohne ausreichend Wasser in die steile Gebirgsschlucht. So kommt es häufig zu Knochenbrüchen, Verstauchungen und Kreislaufproblemen. Tückisch ist eine Wanderung auch, wenn man von Regen überrascht wird. Bei Unwettern wird die Schlucht innerhalb von Minuten unbegehbar. Die Bergwacht musste schon des öfteren Tote aus dem Torrent de Pareis bergen. Wer wenig Gebirgserfahrung hat, sollte sich daher einer geführten Wanderung anschließen, die überall auf Mallorca angeboten werden.
Ein beliebtes Ausflugsziel ist das Bergdorf Valldemossa. Schon König Jaime der Zweite ließ hier wegen des angenehmen Klimas einen Palast errichten. Bekannt wurde der Ort jedoch besonders durch den polnischen Komponisten Frédéric

Chopin, der hier zeitweilig mit der Schriftstellerin George Sand lebte. Diese pries die Landschaft in ihrem Werk »Ein Winter auf Mallorca« so, dass bald Scharen von Touristen folgten. Das ist bis heute so geblieben. Reisebus um Reisebus steuert das Bergdorf an, in dem heute vor allem der Handel mit Inselsouvenirs floriert. Trotz des Rummels ist ein Besuch der Ortschaft und der umliegenden terrassierten Felder wegen der Bauten und der Schönheit der Landschaft lohnend.

Verschiedene Laucharten (Alium) wachsen in der Mittelmeerregion, so wie dieser Dunkle Lauch (Alium nigrum). Oft findet man sie auf Brachland, in Olivenhainen und Weinbergen. Mehrere Arten kennt man aus der Küche – sie sind bekannte Speise- und Würzpflanzen.

Erzherzog Ludwig Salvator, ein Spross des Hauses Habsburg, war seiner Zeit in gewisser Hinsicht weit voraus. Unter anderem war er auch ein Vorreiter des Naturschutzes.

Erzherzog Ludwig Salvator – der erste Aussteiger auf den Balearen und Chronist des Mittelmeeres

Man muss kein Monarchist sein, um Ludwig Salvator zu lieben. Ganz im Gegenteil: Der Erzherzog entstammte zwar dem toskanischen Zweig des Hauses Habsburg-Lothringen und war ein Cousin von Kaiser Franz Joseph, doch in seiner ganzen Art und Lebensweise war er, ja, sagen wir, völlig unkonventionell. Zweifellos einer der unkonventionellsten Habsburger überhaupt, vielleicht von der Kaiserin Sisi einmal abgesehen, die mit Ludwig Salvator gut befreundet war. Mit seinem Schiff Nixe bereiste der Aussteiger-Privatgelehrte das Mittelmeer, ließ sich auf Mallorca nieder, wo er bis heute als Heiliger verehrt wird und hinterließ nicht nur wunderbare Bücher, sondern auch bis heute existierende Naturschutzgebiete. Beim nächsten Besuch von Mallorca sollten Sie sich den Besuch seines Hauses in Son Marroig, das ein kleines Museum beherbergt, auf keinen Fall entgehen lassen!

Ein jeder Liebhaber der Balearen und des Mittelmeeres sollte »Luigi«, wie der Erzherzog von seinen Verehrern liebevoll genannt wird, kennen. Würde man meinen – doch dem ist nicht so. Denn die offizielle österreichische Geschichtsschreibung hat ihn zu lange ignoriert, ebenso wie die Lehrbücher der Geschichte, Geographie und Naturgeschichte in den Schulen. So blieb Luigi selbst den gebildeten Bevölkerungsschichten unbekannt. Wohl war diese Ignoranz seiner Person nach dem Zerfall der Monarchie ein Spiegelbild des gespaltenen Verhältnisses der Alpenrepublik zu allem, was den Namen Habsburg trug. Doch heute muss man über den faszinierenden und amüsanten Mann, seine abenteuerliche Lebensgeschichte und sein großartiges Werk nicht mehr in Unwissenheit bleiben. Dank der Arbeit der Privatinitiative »Ludwig Salvator-Gesellschaft« in Wien findet man im Internet (www.ludwig-salvator.com) nicht nur zahlreiche spannende Fotos und Details aus seinem Leben, sondern auch immer mehr seiner schön illustrierten Werke in digitalisierten Form zur freien Ansicht.

Das Haus von Ludwig Salvator in Son Marroig ist heute ein Museum. Ein Besuch lohnt auf jeden Fall.

So bekommt Ludwig Salvator allmählich jenen Ehrenplatz in der Geschichte der Erforschung des Mittelmeerraumes zuerkannt, der ihm zusteht. Sein Werk ist nach heutigen Kriterien vielleicht nicht immer streng wissenschaftlich (er ließ etwa zählen, wie viele Blitze und Donner es auf Mallorca während einer bestimmten Zeitspanne gegeben hat), dennoch sind die zahlreichen Bände sowohl als Juwelen der Buchmacherkunst als auch als Chroniken und Informationsquellen oft einzigartig. Seine verdienstvollste Arbeit war ohne Zweifel das siebenbändige Monumentalwerk »Die Balearen« (1896–1884), für das er auf der Weltausstellung 1889 in Paris mit einer Goldmedaille ausgezeichnet wurde. Die Mallorquiner haben die Bedeutung »ihres Erzherzogs« ungleich besser erfasst als seine Landsleute in der Urheimat Österreich und würdigen ihn durch Übersetzungen seines Werkes ins Mallorquinische und Spanische. Zahlreiche Straßen und Plätze in den Dörfern, Orten und Städten auf den Inseln der Balearen sind nach ihm benannt. Ludwig Salvator wurde zu einem nicht wegzudenkenden Teil der mallorquinischen Geschichte.

Der Erzherzog war seiner Zeit in mancher Hinsicht weit voraus und nicht zuletzt auch so etwas wie ein Vorreiter für den Natur- und Meeresschutz. Der vielseitige Naturforscher, begabte Zeichner und Reiseschriftsteller hat zahlreiche mediterrane Küstenstreifen und Inseln erstmals wissenschaftlich dokumentiert. Mit viel Liebe zum Detail (und zu Menschen) versuchte er das kulturelle und natürliche Erbe von Inseln, Regionen und Völkern seinen Lesern zu vermitteln. »Ich behaupte«, schrieb er einmal, »daß wenn sich die einzelnen Völker besser kennten, sie sich auch nicht anfeinden würden.« Eine besondere Beziehung hatte er zu den arabischen Ländern.

Der Reisepionier und romantische Lebenskünstler litt in späteren Lebensjahren an Elefantiasis, einer parasitär verursachten Erkrankung der Lymphbahnen. Er starb am 12. Oktober 1915 auf seinem Schloss Brandýs nad Labem bei Prag, ein Jahr vor seinem Cousin, dem Kaiser.

Das Tramuntana-Gebirge mit seinen zehn Tausendern ist das Wasserreservoir der Insel. Doch das Wasser, das in den Stauseen gesammelt wird, reicht in den heißen Sommermonaten nicht für alle. Die Urlauber verlangen gut gefüllte Swimming-Pools, die Landwirtschaft braucht das Wasser für die Bewässerung und immer mehr Golfplätze wollen ebenfalls versorgt werden. Zum Teil hilft wiederaufbereitetes Abwasser, doch der Mangel ist so groß, dass energieintensive Meerwasserentsalzungsanlagen gebaut werden mussten und mitunter sieht man im Hafen riesige Tankschiffe, die Wasser vom Festland heranschaffen. Macià Blázquez wundert sich seit Langem über den zunehmenden Golftourismus, der eigentlich viel besser ins regenreiche Großbritannien passen würde. »Wir haben hier im Sommer so eine hohe Verdunstung, dass wir die Plätze kaum grün halten können«, erklärt er uns. »Immer mehr neue Golfplätze, das passt nicht zu einer mediterranen Insel wie Mallorca.« Hotelbesitzer und Investoren sehen das anders. Golf mit dazugehörender nobler Unterkunft verspricht Renditen und immer noch Zuwächse auf einem ansonsten weitgehend gesättigten Markt.

Wir fahren herum und sehen uns mehrere Golfplätze rund um die Hauptstadt Palma an. Es ist heiß, der Wasserverbrauch zur Grünhaltung des Rasens ist gigantisch. Schattenspendende Bäume gibt es nur teilweise. Meist stehen wir ungeschützt in der sengenden Sonne. Auf einem der Plätze riecht es nach Chlor. Vielleicht stammt der Geruch vom wieder aufbereiteten Abwasser. Am Abend haben wir genug gesehen und fallen todmüde in die Betten.

Am Strand von Es Trenc

Erholung suchen wir am nächsten Morgen am Strand. Wir wollen einen Tag am Es Trenc verbringen, der zu den schönsten Stränden der Balearen gehören soll. Schon die Anreise ist vielversprechend. Immer wieder halten wir an, um ein paar Fotos zu schießen. Einige Kilometer vor der Küste durchqueren wir große Salinen. Sie sind ein Refugium für die Vogelwelt der Insel. Mit ein wenig Glück und je nach Jahreszeit entdeckt man hier Grau- und Kuhreiher und auch Flamingos. Dann geht es ein Stück durch Kiefernwälder, bevor schließlich die Dünen in Sicht kommen. Sie stehen wie auch der Strand unter Naturschutz. Nur so konnte man den wirklich schönen und sanft zum Meer abfallenden Naturstrand bewahren. Ausgerechnet an einer der schönsten Stellen stehen Schwarzbauten, die inzwischen halb verfallen sind. Ein Investor errichtete sie ohne Genehmigung und ging schließlich pleite. Daraufhin fehlte das Geld für den Abriss. Da Beton lange hält, stehen die Skelette immer noch und bleiben der Nachwelt auf absehbare Zeit erhalten.

»Bausünden wie diese sind typisch für Mallorca und leider kein Einzelfall«, erklärt uns Gerald Hau vom Umweltverband GOB in Palma. Er fährt mit uns nach Andraitx, einer Gemeinde im westlichen Teil von Mallorca, die bei deutschen Urlaubern sehr beliebt ist. Manch einer hat sich hier für viel Geld seinen persönlichen Immobilientraum erfüllt und ist stolzer Besitzer einer Finca, eines Reihenhauses oder eines noblen Apartements. Doch nicht bei allen Baugenehmigungen ging es mit rechten Dingen zu. Gerald Hau zeigt uns gleich mehrere Beispiele, die zum Glück in jüngerer Vergangenheit auf-

Eine heile mediterrane Unterwasserwelt, wie sie früher einmal war. Wir waren von den Tauchgängen im Meeresnationalpark Cabrera begeistert. Die Einrichtung von weiteren Schutzgebieten im Mittelmeer hat höchste Priorität für den Meeresschutz.

geflogen sind. Für die Natur war es trotzdem oftmals zu spät, vor allem bei einer illegalen Siedlung in der Nähe des Ortes, die mitten in ein Landschaftsschutzgebiet gesetzt wurde. Zu viele Golfplätze, Schwarzbauten und zu viel Müll einerseits und zu wenig Wasser und unberührte Natur andererseits sind die wichtigsten Umweltprobleme Mallorcas. Doch es gibt auch Refugien, wo selbst auf den Balearen die Welt noch in Ordnung zu sein scheint. Immerhin haben die Einheimischen in puncto Umweltschutz viel dazugelernt. Umweltverbände wie der GOB gewinnen an Einfluss.

Cabrera

Eines dieser Refugien ist die kleine Insel Cabrera, ein paar Seemeilen südlich vom Es Trenc-Strand gelegen. Die »Ziegeninsel« misst 15,7 Quadratkilometer und ragt bis auf 172 Meter Höhe auf. Die Landschaft ist felsig und verkarstet, es gibt einen kleinen Hafen und einen Festungsturm aus dem 14. Jahrhundert, von dem man einen grandiosen Ausblick auf den Felseninsel-Archipel hat. Einen Besuch wert ist die Cova Blava, eine gut 150 Meter lange Höhle, in die man ein Stück mit dem Boot hineinfahren kann. Die Höh-

Bereits gegen Mitte Mai kann sich die Baumwolfsmilch (Euphorbia dendroides) *gelb und rot verfärben und die Insel in eine Märchenlandschaft verwandeln. Diese Zeit entspricht dem physiologischen Herbst der Pflanze: Sie wirft ihre Blätter ab, noch bevor die sommerliche Hitze und Trockenheit kommt.*

le schimmert durch Lichtreflexe bläulich, was bei manchem Gast zu verzückten Aufschreien führt. Cabrera und die umliegenden kleinen Felsinseln stehen wie die sie umgebenden Gewässer unter Naturschutz. Er wird streng beachtet. So ist die Zahl der Ausflugsboote, die Cabrera ansteuern dürfen, begrenzt. Wer mit dem eigenen Boot kommen will, braucht ebenfalls eine Genehmi-

Die kleinen Inseln rund um Cabrera haben auch wunderbare Höhlen zu bieten, die man mit Motorbooten besichtigen kann. Und genau hier liegt das Problem: Diese Höhlen waren vor Jahrzehnten die letzten Lebensräume der vom Aussterben bedrohten Mönchsrobben auf den Balearen. Der ausufernde Tourismus und Bootsverkehr können das Ende von sensiblen Arten wie diesen bedeuten.

*Eine große Vielfalt an Algen bedeckt die Felsen im Meeresnationalpark Cabrera. Von den Grün-, Rot-
und Braunalgen sind im Mittelmeer insgesamt mehr als 1000 Arten beschrieben. Algen spielen eine
positive Schlüsselrolle im Ökosystem Meer – aus einem falschen Verständnis heraus ist die Bezeichnung
»Alge« für manche Menschen negativ besetzt.*

gung. Zudem ist der Aufenthalt befristet. Ankern ist streng verboten, da der Meeresgrund
im Naturschutzgebiet nicht beschädigt werden
darf, und auch Unterwassersportler müssen sich
vorher anmelden. Die Schutzmaßnahmen haben der Natur gut getan, über wie unter Wasser. Wir unternehmen mehrere Tauchgänge und
sind begeistert: Das Wasser ist klar, die Sichtweite hervorragend, der Fischreichtum ist für das
Mittelmeer gigantisch. Uns begegnen kapitale
Zackenbarsche, die wir in dieser Größe sonst
nirgendwo im Mittelmeer zu sehen bekamen.

Überall finden wir kleine Grotten, in denen der
Nachwuchs ungestört heranwachsen kann.

Mit Naturschönheiten sind Mallorca und seine
Nachbarinseln reich gesegnet. Um sie alle zu
erkunden braucht man Wochen, wenn nicht
Monate. Seien es die Tropfsteinhöhlen bei Por-
to Christo, die Höhlensysteme bei Arta, die Insel
Dragonera oder das Kap Formentor, lohnende
Ausflugsziele findet man auf ganz Mallorca
verstreut. Doch wir müssen weiter. Die kleinere
Schwester Menorca ist unser Ziel.

MENORCA

Auch hier ist der Tourismus die wichtigste Einnahmequelle, auch hier gibt es Bettenburgen und Strände, an denen die Gäste wie Ölsardinen in der Sonne brutzeln. Allerdings ist alles etwas beschaulicher, etwas weniger augenfällig als auf der Nachbarinsel Mallorca. Wie Mallorca besitzt auch Menorca einen internationalen Flughafen und ist an das europäische Flugnetz gut angebunden. Doch wir wählen die Fähre, die uns in wenigen Stunden von Cala Ratjada im Osten Mallorcas nach Ciutadella auf Menorca bringt. Die nicht einmal 20.000 Einwohner zählende Stadt wurde bereits von den Karthagern

gegründet und unter der Herrschaft der Mauren stark ausgebaut. Die Altstadt ist durchaus sehenswert. Uns gefallen die Plaça des Born mit dem historischen Rathaus und den umliegenden Prachtbauten, die gotische Kathedrale, aber auch der Fischmarkt an der Plaça de la Llibertat. Der Straßenverkehr hält sich in Grenzen, und so können wir relativ ungestört die Altstadt durchwandern. Ein gutes Zeichen, dass für das Biosphärenreservat Menorca spricht.

In den folgenden Tagen durchqueren wir die Insel. Sie ist etwa 50 Kilometer lang und nur 16 Kilometer breit. An die 90.000 Menschen leben hier. Neben Ciutadella ist Mahon die einzige grö-

Wunderbare Unterwasserhöhlen können auf Menorca betaucht werden. Doch die negativen Spuren der Menschen reichen bis hierher: Viele der Tropfsteine, die über zehntausende von Jahren gewachsen sind, wurden leider von Tauchern abgebrochen und als Souvenir mitgenommen.

Menorca hat nicht nur eine wunderbare Natur, sondern auch einzigartige historische Denkmäler zu bieten: Als vielleicht das älteste bekannte Bauwerk Europas gilt das prähistorische Grab Nau (Naveta) de Tudons. Es ist mindestens 3500 Jahre alt. Auch sonst finden sich mitten in der Kulturlandschaft spannende Spuren megalithischer Kulturen.

ßere Stadt. Auch hier lohnt sich ein Rundgang. Menorca war lange in englischer Hand. Das merkt man nicht nur an den vielen Besuchern aus Großbritannien, sondern auch an den zahlreichen englischen Hausfassaden in der Hauptstadt. Mahon ist für Kulturinteressierte einen mehrtägigen Aufenthalt wert: Beim Bummel durch die verwinkelten Gassen stößt man auf Klöster, Kirchen und sehenswerte kleine Plätze. Das Besondere an Mahon ist der riesige Naturhafen. An die fünf Kilometer ragt er ins Inselinnere hinein. Gesäumt ist er mit gewaltigen Festungsanlagen wie Fort Marlborough, die den Hafen nahezu uneinnehmbar machten – ein idealer Stützpunkt für die Engländer, den

sie sicherlich nur ungern aufgaben. Leider ragt ein riesiger Schornstein aus dem Ende der Bucht. Er gehört zum veralteten Kraftwerk der Insel. Die Umweltschützer hier setzen schon lange auf moderne regenerative Energien. Photovoltaikanlagen sehen wir an zahlreichen Orten der Insel. Doch die Bemühungen reichen noch immer bei weitem nicht aus. Dabei hat Menorca in puncto Umweltschutz für Spanien einen hohen Standard. Auch unsere Umweltbilanz fällt nach einigen Tagen grundsätzlich positiv aus. Überall versucht man, mit den Ressourcen schonend umzugehen, das gilt ebenso für Hotels wie auch Teile der Landwirtschaft, wie uns mehrere Käsebauern überzeugend versichern.

Inselrundfahrt

Für eine Inselrundfahrt nehmen wir uns auf Menorca ausgiebig Zeit. Die Insel ist waldreich, überall kommen wir an kleineren, weiß getünchten Bauernhöfen vorbei, deren Felder durch Steinmauern begrenzt sind. Viele der Höfe stellen Käse her, den Queso Mahon. Er wird aus roher Kuhmilch hergestellt und gilt als Inselspezialität. Viele Bauern verkaufen ihn gern direkt vom Hof. Von der Hauptstraße, die Mahon mit Ciutadella verbindet, führen Stichstraßen zu den Stränden der Insel. Ein Zentrum des Fremdenverkehrs ist Fornells. Vor wenigen Jahren war es noch ein malerischer Fischerort an einer tief eingeschnittenen Bucht, heute sind hier zahlreiche Hotels und Apartementanlagen entstanden, die vor allem auf Familienurlauber zugeschnitten sind. Die Bucht eignet sich zudem hervorragend für Surfer und Segler. An jeder Ecke warten Schulen auf Sportinteressierte.

Wer nach Fornells fährt, sollte es keinesfalls versäumen, einen Abstecher zum Cap de Cavallería zu unternehmen. Hier findet man interessante Höhlen, vor allem aber 120 Meter hohe Klippen die senkrecht zum Meer abfallen. Das Kap ist windumtost, die Gischt spritzt bei kräftigem Nordwind hoch auf. Uns wird beim Studium der bizarren Felsformationen mehr als einmal ein wenig schwindlig.

Ganz anders ist der Charakter der Küste am Naturpark S'Albufera des Grau im Nordosten Menorcas. Hinter einem Dünengürtel liegt eine riesige Lagune, die von mehreren Bächen mit Süßwasser versorgt wird. Das Schutzgebiet ist ein wichtiges Refugium für an die hundert verschiedene Vogelarten. Sie können von mehreren Schutzhütten, die oberhalb der Lagune liegen, gut beobachtet werden. Mit ein wenig Glück erblickt man Zwergtaucher, Stelzenläufer, Schilfrohrsänger und Teichrallen. Badestrände

In den Meeresschutzgebieten rund um die Balearen begegnet man immer wieder Meeressäugern. In diesem Fall handelt es sich um die beliebten Großen Tümmler.

findet man vor allem an der Südküste. Die bekanntesten Orte sind Son Bou und Cala'n Porter. Hier findet man sie, die Bausünden des Massentourismus der Siebziger und Achtziger. Nicht so schlimm wie auf Mallorca, aber wegen des ruhigen Charakters der Insel doch störend. Vor allem bei britischen Gästen sind die Ferienorte beliebt. Wer es sich leisten kann, kauft hier gern ein Apartement oder ein auf den Klippen errichtetes Haus.

Zum Abschluss unserer Tour auf die kleine aber feine Schwester Mallorcas unternehmen wir einige Tauchgänge. Der Fischreichtum ist nicht ganz so groß wie im Nationalpark Cabrera, dennoch gefällt uns die Unterwasserwelt recht gut. Vor allem die Tropfsteinhöhlen bei Ciutadella lassen unsere Taucherherzen höher schlagen. Tief geht es durch einen Gang in die Felslandschaft. Plötzlich führt der Weg wieder nach oben und wir tauchen mitten in einer imposanten Tropfsteinhöhle auf. Mächtige Stalagmiten und Stalagtiten bilden Formationen, die an Kathedralen, Orgeln und Wasserfälle erinnern. Wir bleiben, bis unsere Tauchscheinwerfer schwächer werden. Es war ein einzigartiger Tauchgang auf einer Insel, die uns durch ihre schlichte Schönheit und weniger Rummel angenehm überrascht hat.

Die beschatteten Wände von Steilwänden und Kleinhöhlen sowie die Unterseiten von Felsen sind farbenprächtig und reichhaltig mit sesshaften tierischen Organismen bewachsen; Schwämmen, verschiedenen Nesseltieren, Moostierchen, Röhrenwürmern, Mollusken und Seescheidenkolonien. Die lichtexponierten Stellen hingegen gehören fast uneingeschränkt den Algen, die hier die Oberhand gewinnen. In den Übergangsbereichen und an Höhleneingängen finden sich neben festgewachsenen Tieren manche Rotalgen, die mit verhältnismäßig wenig Licht auskommen.

Auch bei Formentera gibt es marine Schutzgebiete, die wunderbare Tauch-gänge mit viel Fisch garantieren. Schwärme von Barrakudas schwimmen zwischen unzähligen Mönchsfischen.

IBIZA UND FORMENTERA

Die dritte Station unserer Erkundungsreise ist Ibiza mit der Nachbarinsel Formentera. Seit vierzig Jahren ist die Insel für manchen Gast ein Synonym für Party pur. Riesige Diskotheken, Gäste in schrägen Klamotten, abfeiern bis in die Morgenstunden, all das gibt es bis heute. Den Tag verbringen viele der Nachtschwärmer am Pool oder an den oftmals überfüllten Stränden, bevor es am Abend erneut auf die Piste geht. Das ist eine Seite der Insel; die andere ist eine eindrucksvolle Natur, die von der UNESCO zusammen mit der Altstadt der gleichnamigen Inselhauptstadt in die Liste des Welterbes aufgenommen wurde. Ibiza hat etwas mehr als 130.000 Einwohner, ist knapp 572 Quadratkilometer groß und Ziel von Millionen Touristen. Wie auf den anderen Baleareninseln ist der Tourismus mit Abstand der wichtigste Wirtschaftszweig. Die Bedeutung der Landwirtschaft ist hingegen stark zurückgegangen.

Ibiza scheint gewaltig »in« zu sein. Bei unserem Besuch entdecken wir zahlreiche Baustellen für neue Hotels und Apartmentanlagen. Der Flughafen wurde renoviert und sogar eine Autobahn gebaut. Umweltschützer sehen die Bauten mit Grausen, da wertvolle Feuchtgebiete und Grünflächen unwiederbringlich verschwunden sind und der Trend zu immer noch mehr Massentourismus auch auf Ibiza alles beherrscht. Wer sich die Mühe macht, die Insel zu umrunden, sieht überall Baustellen. Noch gibt es einige unberührte Buchten, doch ihr Verschwinden ist absehbar, da an den Hängen gigantische Neubauten entstehen. Immer wieder fallen uns die Gegensätze auf. Einerseits Bauboom und zunehmende Vermüllung der Insel, andererseits engagierte Umweltschützer, die die Schönheit der Insel auch mit Gerichtsprozessen zu verteidigen suchen. Weitaus beschaulicher als auf Ibiza geht es auf der Nachbarinsel Formentera zu. Das liegt schon an der etwas umständicheren Anreise, die viele Pauschaltouristen abschreckt. Auf dem Flughafen von Ibiza angekommen, muss man zunächst zum Hafen, dann eine halbe Stunde übersetzen und dann noch zum Hotel. Für viele ist diese Mühe zu groß. Daher findet man auf Formentera noch immer weitgehend naturbelassene Strände, an denen man einen geruhsamen Badetag verbringen kann.

Initiative Horizont 2020, die EU und ausreichend viele Meeresschutzgebiete: der einzige Weg, um das Mittelmeer vor einem ökologischen Desaster zu retten

Unsere Besuche in den Gewässern von Cabrera und Formentera führten uns deutlich vor Augen, was Meeresschützer schon lange fordern: Nur ein ausreichend dichtes Netzwerk von Meeresschutzgebieten, in dem jede Nutzung und Fischerei untersagt ist und die Natur sich selbst überlassen bleibt, kann das Mittelmeer vor einem ökologische Niedergang bewahren. Auf unfassbare Weise konnten sich das Meer und seine Bewohner in den Schutzgebieten regenerieren – und das in nur wenigen Jahren! Doch vorerst steht noch nicht einmal ein Prozent (!) der Meeresfläche des Mittelmeeres unter Schutz. Eine Schande für den großen Staatenverbund an den nördlichen Küsten des Mediterrans, die EU.

Die Gründe für den ökologischen Niedergang von Großlebensräumen, wie das Mittelmeer einer ist, sind derartig vielfältig, dass sie hier kaum aufgezählt werden können. Manche sind globaler Natur wie die übermäßige Verschmutzung der Meere durch organische und chemische Belastungen, schlicht durch Gift, die Flut von Plastik, das sich auf heimtückische Weise zu rächen beginnt und zu kleinsten Nanopartikeln zerfällt, die dann mit Giftstoffen beladen in die marinen Nahrungsketten gelangen, die Erwärmung und Versauerung der Meere, die Ausbreitung »toter Zonen« ohne Sauerstoff am Meeresgrund, die Veränderung der Fauna durch das Eindringen exotischer Spezies durch den Suezkanal, die massive Überfischung mit zerstörerischen Fischereimethoden wie Bodenschleppnetzen, die Vernichtung von Lebensräumen und vieles mehr.

Manch andere Ursachen – speziell wenn man sie mit den globalen vergleicht – erscheinen auf den ersten Blick fast lächerlich und vernachlässigbar. So etwa eine Yacht, die in einer einsamen Bucht ihren Anker wirft. Am Meeresgrund erstrecken sich schier endlose Prärien des imposanten Neptungrases (*Posidonia oceanica*). Die ökologische Bedeutung dieser Seegrasart für das Mittelmeer ist so enorm, dass wir ihr einen eigenen Exkurs widmen (Seite 159). Der Anker reißt beim Heben eine Wunde in die Seegrasmatte, die sich über Jahrhunderte und Jahrtausende ungestört entwickeln konnte, welche nicht mehr heilt. Ganz im Gegenteil: Sie wird zu einem Angriffspunkt für die erosiven Kräfte des Meeres. Die Wasserdynamik nutzt bei Stürmen die Narbe und reißt immer weitere Stücke der Seegraswiese ab. Nicht nur im Mittelmeer gilt die Rechnung: Seegraswiese = Leben.

Ein Boot würde das Mittelmeer freilich nicht umbringen. Doch es bleibt nicht bei einem. Es bleibt nicht bei hunderten, nicht bei tausenden und auch nicht bei zehntausenden … Es werden immer mehr, immer größere, immer lautere und noch stärkere. Die Problematik des Ankerns ist auch nicht die einzige, die mit dieser enormen Umweltbelastung einhergeht. Die beliebten Wale und Delfine sind beispielsweise sehr lärmempfindlich. An einer anderen Stelle des Buches schreiben wir über eine der seltensten und wunderbarsten Tierarten des Mediterrans, die Mönchsrobbe, die allmählich ausstirbt (Seite 109). Vor einigen Jahrzehnten konnte man sie auch noch bei den Balearen bei Cabrera sehen. Und dabei reden wir bei den Booten nur über einen einzigen Aspekt des Freizeitverhaltens der Menschen, der vor allem saisonal unvorstellbare Ausmaße annimmt, noch nicht einmal über all die Belastungen durch den noch schwerwiegenderen kommerziellen Schiffstransport, den Handel, das Erdöl …

Seit Ende der 2010er Jahre wird daher zunehmend heftiger über die Notwendigkeit der Ausweitung der Schutzgebiete (Marine Protected Areas) im Mittelmeerraum diskutiert. Das Versagen der EU liegt nicht daran, dass man keine Programme zum Schutz des Mittelmeeres und seiner Biodiversität beschlossen hätte. Diesbezügliche Abkommen und die dazugehörigen Papierberge haben einen astronomischen Umfang erreicht, in dem sich kaum noch jemand auskennt. Auch die Vereinten Nationen wollen durch Programme zum Erhalt der Artenvielfalt der Erde beitragen. Doch offensichtlich fehlt es bei der EU oder ihren einzelnen Mitgliedsländern am eisernen Willen zur Umsetzung. Kaum ein wichtiger Aspekt des mediterranen Meeresschutzes wurde in den letzten Jahren wirklich konsequent verwirklicht – denken wir nur an die brennende Notwendigkeit des Schutzes der Blauflossenthune *(Thunnus thynnus)*. Kurzsichtige wirtschaftliche Interessen der einzelnen Länder haben immer noch Vorrang vor wirklich nachhaltigen Zukunftskonzepten.

Mit großer Bewunderung und Begeisterung tauchten wir durch die Meeresschutzgebiete der Balearen wie Cabrera und Formentera. Kaum zu fassen, wie sich die Unterwasserwelt in 15 Jahren erholen konnte. Wir waren sprachlos vor Begeisterung, welche Schönheit, welcher Fischreichtum und welche Artenvielfalt sich uns in Neptuns Reich präsentiert haben, eine Schönheit und Vielfalt, die jener von tropischen Meeresgebieten in nichts nachsteht. Wir durften das Mittelmeer im Jahr 2010 so prachtvoll erleben, wie es vor hunderten von Jahren einmal war. Ist der Weg in eine bessere ökologische Zukunft damit nicht ganz klar vorgezeichnet?

Derzeit steht noch nicht einmal ein Prozent des Mittelmeeres unter strengem Schutz. Bis zu 20, 30 oder mehr Prozent, mit strengen Auflagen belegt, sollten

es nach Wünschen der Meeresschützer werden, und zwar Gebiete, die sinnvoll über das Mittelmeer verteilt sind, so dass die Schutzgebiete vernetzt werden. Die anderen Regionen können unter Einhaltung internationaler Normen sinnvoll bewirtschaftet werden und würden garantiert wesentlich bessere Erträge als derzeit liefern, denn die Schutzgebiete stellen Oasen des Lebens dar, aus denen ein massives Regenerationspotenzial ausgeht. Nur auf diese einzige Weise, kombiniert mit weiteren Meeresschutzmaßnahmen, kann der immer schnellere Verfall des Ökosystems Mittelmeer und seiner Artenvielfalt noch aufgehalten werden. Die Zeit nationaler Alleingänge ist definitiv und endgültig vorbei. Die Welt ist längst zu einem globalen Dorf geworden.

Die Theorie der EU lautet dementsprechend: »Mitteilung der Kommission vom 5. September 2006 – Bestimmung einer Umweltstrategie für den Mittelmeerraum. Die Kommission stellt die wichtigsten Elemente einer koordinierten Strategie zum Schutz der Meeresumwelt und der Küstenregion des Mittelmeeres und zur Verringerung der Verschmutzung dieser Region bis 2020 vor. Diese Strategie stützt sich auf eine verstärkte Zusammenarbeit der betroffenen Länder auf politischer, finanzieller und technischer Ebene und sieht gezielte Aktionen im Rahmen der gemeinsamen Initiative Horizont 2020 vor.« Wunderbar formuliert! Nun müssen das Meer und die Menschen dringend die Umsetzung dieser Pläne erleben. Ein entscheidender Punkt ist die real existierende Unterschutzstellung von ausreichend großen Flächen als »Marine Protected Areas« in einer Dimension, für die sich die EU vor der Welt nicht schämen muss.

Blick auf Ibiza Stadt, auch Eivissa genannt.

Eivissa

Wir reisen von Mallorca mit der Fähre an. Der erste Blick auf die katalanisch Eivissa genannte Hauptstadt ist imponierend. Die Kathedrale, die mächtigen Festungsmauern und die Häuser der am Hang gebauten Altstadt, bilden ein einzigartiges Ensemble, welches 1999 zum Weltkulturerbe ernannt wurde. Auch wir sind beeindruckt und laufen Stunden durch die sehenswerte Altstadt mit ihrer 2000jährigen Geschichte.

Am Abend wird es hier richtig voll. Nach einem Tag am Strand heißt es nun Shoppen oder Dinieren. Schon bald füllen sich die zahllosen Boutiquen und Restaurants. Sobald es dunkel wird, sieht man schrill gekleidete junge Damen und Herren, die durch die Altstadt und am Hafen entlang ziehen. Es sind Werber für die mondänen großen Diskotheken, die hier ihre Kundschaft suchen.

Zum Wohnen ist es in der Altstadt zu laut und auch zu teuer. Die meisten Einwohner leben inzwischen in wenig mondänen Neubausiedlungen. Wer glaubt, zu den »Reichen und Schönen« zu gehören, lässt sich in der Nähe des Yachtha-

fens nieder. Hier findet der Bauboom kein Ende. Immer mehr Luxusyachten drängen nach Ibiza, immer mehr Anlegeplätze für schicke Motor- und Segelyachten werden benötigt. Umweltschützer haben es schwer, dagegen anzukämpfen. Dabei liegen vor dem Areal, wo eine Erweiterung des Yachthafens geplant wird, wertvolle Seegraswiesen (Seite 159). Sie stehen unter dem Schutz der UNESCO und sind eine wichtige Kinderstube für die Fische des Mittelmeeres. Ihr Schutz sollte eigentlich höchste Priorität genießen.

Wir treffen uns im Hafen mit Manuel San Felix, einem bekannten spanischen Meeresbiologen. Schon oft hat er die einzigartigen Seegraswiesen zwischen Ibiza und Formentera betaucht. »Der weiträumige Yachthafenausbau und der zunehmende Bootsverkehr«, so befürchtet er, »wird enorme Schäden anrichten. Wir können hier nicht alles zubetonieren.« Gleiches gilt für die wertvollen Feuchtgebiete hinter den Neubausiedlungen. Auch sie sind durch immer neue Hotels und Eigentumswohnungen zusammengeschrumpft. Die Umweltschützer auf Ibiza fürchten, dass sie eines Tages einfach nicht mehr da sein werden.

Das Neptungras: die Wunderpflanze und Lunge des Mittelmeeres

Wenn Sie Sympathiepunkte vergeben oder sich für den Schutz von Arten aktiv einsetzen müssten, welche würden Sie dann für Ihren Einsatz wählen: die niedlichen Mönchsrobben, die sympathischen Delfine und die bedrohten und wohlschmecken- den Thunfische auf der einen Seite oder lieber Algen und Seegräser? Zweifellos würden sich vie- le für das Erstere entscheiden. Doch ökologisch betrachtet stehen Algen und Seegräser an der Basis des Systems. Sie sind Primärproduzenten von Biomasse, sie entziehen Kohlendioxid aus der Umwelt und stellen Sauerstoff her. Ohne sie könnte es Mönchsrobben, Delfine und Thunfische gar nicht geben. Und eine der Seegrasarten hat im Mittelmeer eine besonders herausragende Be- deutung: das Neptungras (Posidonia oceanica).

Das Neptungras ist eine endemische mediterrane Spezies, kommt also nur im Mittelmeer vor. Viele hunderte oder sogar mehr als tausend bis zu ei- nem Meter lange Blätter bilden auf Sand- und Se- dimentgrund über Quadratkilometer einen sehr dichten Bestand, der eine eigene Welt darstellt, die *Posidonia*-Wiese. Die schleichenden Veränderungen des Lebensraumes in Folge menschlicher Aktivitäten wie zu viel Sedimenteintrag durch Bautätigkeit oder Einleitungen, Trübung des Wassers durch Überdün- gung und dadurch weniger Lichtangebot am Meeres- grund, chemische Verunreinigung des Meerwassers, mechanische Schädigung durch zu viele Boote und Schiffe und ihre Anker und weitere Faktoren führen zum Rückgang der Seegräser. Aus manchen Regio- nen des Mittelmeeres, etwa aus der Nordadria, ist das Neptungras bereits verschwunden.

Auf einem Quadratmeter sonst wenig sichtbar besie- delten Sandgrund werden durch das Seegras bis zu 20 Quadratmeter Siedlungsfläche für andere sesshaf- te Organismen gebildet. Doch nicht nur die enorme Vergrößerung der Siedlungsfläche ist von Bedeutung, sondern vor allem auch der durch die Seegräser ge- prägte dreidimensionale Raum als eigener Lebens- raum mit völlig anderen ökologischen Bedingungen, als sie der Meeresgrund ohne Seegras hätte. Durch das Seegras verändern sich die Strömungsverhältnis- se, durch das dichte Gewirr der Blätter und den Auf- wuchs entsteht ein reich strukturierter Lebensraum, der zahlreichen Kleinorganismen und Jugendstadi- en von Wirbellosen und Fischen – auch wirtschaftlich wichtigen Arten – Schutz, Versteckmöglichkeit vor Prädatoren, Laichplätze und Nahrung bietet. Über- raschend wenige Organismen fressen im Mittelmeer das Seegras direkt, so die Grüne Schildkröte (*Chelo- nia mydas*), Seeigel und die einst häufige Goldstrie- me (*Sarpa salpa*), eine Art der Meerbrassen, doch es sind wohl tausende Arten, deren Existenz direkt vom Seegras abhängt.

Ein Quadratmeter dichter *Posidonia*-Wiese produ- ziert bis zu 14 Liter Sauerstoff am Tag. Doch seit Jahr- zehnten ist diese Lunge des Mittelmeeres in Folge menschlicher Aktivitäten bedroht, diese Kinderstube unzähliger Arten und einer der wichtigsten Habitate des gesamten Mediterrans. Starke Bautätigkeit ist be- kanntlich ein Negativfaktor, denn sie spült Sedimente ins Meer und beim Bau von Molen und Hafenanlagen verändert sie die Strömungsverhältnisse im angren- zenden Meer, worauf Seegräser empfindlich reagie- ren. Die durch Anker in die Seegraswiesen gerissenen Wunden heilen oft nie, ganz im Gegenteil, sie bie- ten Angriffsfläche für die erosiven Kräfte des Meeres bei den herbstlichen und winterlichen Stürmen. Mit Recht machen sich die Meeresschützer der Balearen um ihre *Posidonia*-Wiesen Sorgen!

In den Salinen

Neben den Seegraswiesen sind die Salinen im Süden Ibizas das wohl wichtigste Naturschutzgebiet der Insel. Seit der Besetzung durch die Karthager wurde hier Salz gefördert. Im 13. Jahrhundert waren die Gewinnungsstätten des Weißen Goldes auf Ibiza sogar die wichtigsten im gesamten Mittelmeerraum. Auch heute noch wird in Ses Salines nach traditionellen Methoden und im Einklang mit den Naturschutzgesetzen ein wenig Salz gewonnen und als Spezialität verkauft. Wegen der Einzigartigkeit der Landschaft und der Artenvielfalt von Flora und Fauna wurden die Ses Salines 1995 unter strengen Naturschutz gestellt und trugen dazu bei, dass Ibiza den Status einer Welterbestätte erhielt.

Im Ökosystem leben 500 Pflanzenarten. Dazu kommen an die 200 verschiedene Vogelarten. Die Touristen begeistern sich vor allem für die zahlreichen Flamingos, die Jahr für Jahr das Salinengebiet besuchen. An die Salinen angrenzend liegen mehrere Strände, dazu Zedernhaine und mehrere Felsinseln zwischen Ibiza und Formentera, die ebenfalls in den Naturpark integriert sind und schöne Tauchreviere bieten.

Doch der Schutz der Salinen und der sie umgebenden Landschaft ist schwierig. Im Norden grenzt der Flughafen an das Schutzgebiet. Ein weiterer Ausbau führt zwangsläufig zur Bedrohung vieler Vogelarten. Größere Schwierigkeiten bringt der Massentourismus mit sich. Zahllose Touristen fahren durch die Salinen, um an die Strände zu gelangen. Mancher entsorgt dabei mitten im Schutzgebiet seinen Müll. Die Dünen hinter den uralten Salzabbaugebieten sind zwar ebenfalls geschützt, doch daran halten sich viele Touristen, die hier ihr Strandlager aufschlagen, nicht. In der Hochsaison erinnert das Schutzgebiet an ein überfülltes Freibad, das aus allen Nähten platzt. Schon heute kommen weitaus mehr Besucher, als die Natur vertragen kann.

DIE
SEYCHELLEN

DIE SEYCHELLEN

Die Seychellen – das sind insgesamt 115 Inseln und 455 Quadratkilometer Landfläche im Herzen des westlichen Indischen Ozeans, nördlich von Madagaskar. Von den 115 Inseln zählen 41 zu den so genannten inneren Inseln – sie stehen auf einem größtenteils vom Meer überfluteten, maximal 40 bis 50 Meter tiefen Granitplateau, das einen Mikrokontinent darstellt, wie auch Indien und Madagaskar ein Bruchstück des südlichen Urkontinents Gondwana. Der Rest gehört zu den völlig unterschiedlich aufgebauten Outer Islands, die niedrige Koralleninseln oder Atolle darstellen. Doch vier der 41 inneren Inseln tanzen geologisch aus der Reihe: Während Silhouette und North aus einem »nur« etwa 65 Millionen Jahren alten Syenit bestehen und damit aus einem viel jüngeren Material als der Rest, sind die zwei nördlichsten Inseln des Plateaus Bird und Denis Island reine Koralleninseln und stehen auf einem Carbonatsockel. Alle anderen Inseln bestehen aus einem präkambrischen Granit, der 750 Millionen Jahre alt ist.

DIE SEYCHELLEN

Wenn es um tropische Paradiese geht, werden die Seychellen gern unter den Top-Destinationen dieser Welt genannt, als Inbegriff von Naturschönheit über und unter Wasser, als luxuriöses Reiseziel, das seinen Preis hat und damit einen Hauch Exklusivität ausstrahlt. Wenn man manche der teuren Resorts auf den größeren Inseln oder gleich die exquisiten kleinen Insel-Resorts wie North Island unter die Lupe nimmt, dann stimmt diese Vorstellung auch weitgehend. Nicht zufällig verbrachten dort – abgesehen davon, dass die Inseln historische Bande mit der britischen Krone verbinden – Prinz William mit seiner Kate die Flitterwochen.

Einer der Autoren dieses Buches bereist und erforscht die Inselgruppe im Indischen Ozean seit 1999 und verbrachte hier bereits rund ein ganzes Jahr seines Lebens. Freilich weniger wegen der Prominenz und des vielen Geldes, das man hier ausgeben könnte. Es waren vielmehr die Schönheit und der biologische Wert dieses Laboratoriums der Evolution, die so verlockend waren: Diese Eilande mitten im Ozean waren seit dem definitiven Zerfall Gondwanas, seit dem Ende der Kreidezeit vor 65 Millionen Jahren isoliert im Ozean, seit einer Zeit also, in der

Die riesigen, gleichmäßig erodierten Granitblöcke sind ein Wahrzeichen der Zentralgruppe der Seychellen. Das Gestein ist mehr als 700 Millionen Jahre alt. Die Inselgruppe stellt ein kleines Stück des südlichen Urkontinents Gondwana dar, ein einzigartiges Zentrum der Evolution mit vielen nur hier vorkommenden Pflanzen- und Tierarten.

Der Schwarze Papagei kommt nur noch im Nationalpark Vallée de Mai auf Praslin vor. Er ist ein Wahrzeichen des berühmten Palmenwaldes, der auch ein Weltkulturerbe der UNESCO ist.

gerade die Dinosaurier von der Erdoberfläche verschwanden. Ein Nachbar-Bruchstück des Mikrokontinents Seychellea blieb als große Insel Madagaskar weiter südöstlich stehen und wurde ebenfalls zu einem noch berühmteren Labor der Evolution, während sich ein noch viel größeres Stück Land ganz anders verhielt und dank der Tektonik mit einer erdgeschichtlich gesehen unfassbaren Geschwindigkeit durch den sich bildenden Indischen Ozean nach Nordosten wanderte und als Subkontinent Indien an Asien andockte, ganz nebenbei das gewaltigste Gebirge der Erde auftürmend.

Auch heute noch hält man an vielen besonders schönen Stellen der Seychellen inne und erlebt die tiefe Faszination der Relativität der Zeit: Der Granit, aus dem durch die Wollsackverwitterung die typischen Felsformationen entstanden sind, ist wie bereits erwähnt größtenteils 750 Millionen Jahre alt. Seit dem Ende der Kreidezeit waren die Granitberge mit ihren Bewohnern isoliert. Hier hat ein Stück Gondwana, ein Stück der Urzeit überlebt. Wenn man das Glück hat,

dass eine Riesenschildkröte biblischen Alters gemächlich vorbeispaziert, verstärkt sich dieser einzigartige Urzeit-Eindruck zusätzlich.

Schon nach dem ersten Besuch veröffentlichte der Autor dieser Zeilen einen Naturführer über die Fauna, Flora und die Lebensräume des paradiesischen Inselreichs und stimmte mit Begeisterung in den Chor der wenig differenzierten Lobpreisungen des Landes ein: Hier gäbe es keine tropischen Wirbelstürme, keine Tropenkrankheiten, keine Gifttiere, keine Kriminalität, eine intakte Natur, kaum sonstige Gefahren. Von Haiangriffen hörte man in der Tat jahrzehntelang nichts ...

Der Seychellen-Nektarvogel ist auf den Inseln endemisch, kommt also nur hier vor. Die afrikanischen Nektarvögel erinnern an die neuweltlichen Kolibris, die Folge analoger Evolution. Die beiden Vogelgruppen sind miteinander nicht näher verwandt.

Die Palmspinne oder Seidenspinne Nephila ist eine imposante, langbeinige Tropenspinne, die auf den Seychellen häufig vorkommt. Groß sind allerdings nur die Weibchen, von denen man auf dem Foto nur Teile der langen Beine sieht. Das abgebildete Männchen hingegen ist winzig klein.

Ein Küken der beliebten Feenseeschwalbe. Diese Vogelart baut kein Nest, sondern legt ein Ei in Astgabeln und in kleine Vertiefungen auf Bäumen. Küken, die hinunterfallen, werden in der Regel Opfer von Prädatoren wie Echsen oder Krebsen.

Bis zum Schreiben dieses Buches entwickelte der Biologe jedoch einen differenzierteren Blick auf das Inselparadies, was teilweise auch daran liegt, dass sich bestimmte Dinge wohl tatsächlich zum Negativen verändert haben. Wie in anderen Paradiesen auch ist es die enorme Geschwindigkeit der Veränderungen, die einem Sorgen macht. Die Seychellen bieten uns als sehr kleines Land mit beschränkter Fläche, als Mini-Volk mit nur 80.000 Einwohnern (von denen 90 Prozent auf der Hauptinsel Mahé leben) ein Modell, an dem man die »Bedrohung von Paradiesen« recht gut studieren, verfolgen und begreifen kann, wesentlich leichter als im Fall sehr großer Länder wie etwa Brasilien. Von den im Buch detailliert vorgestellten Völkern ist es das kleinste. Die Malediven haben im Vergleich dazu etwa 400.000 Bewohner, die auf sehr viel mehr Inseln und eine größere Fläche verteilt sind.

Auch das Tigerchamäleon ist auf den Seychellen endemisch und nach dem Washingtoner Artenschutzabkommen im Anhang II geschützt. Die Art wurde bisher nur auf den Inseln Mahé, Praslin und Silhouette nachgewiesen.

Die Früchte der endemischen Schraubenbäume (Pandanus) sind relativ groß und bestehen aus einzelnen Segmenten. Wenn die reifen Früchte zu Boden fallen, zersplittern sie in ihre Einzelteile. Sie sind beliebte Speise der Flughunde. Die Reste der verzehrten Segmente sehen wie Rasierpinsel aus.

Was unter den »paradiesischen Attributen« des Landes immer noch unverändert gilt, ist ein klimatisch-meteorologischer Vorteil im Vergleich zu den südlicher liegenden Inseln und Archipelen des westlichen Indischen Ozeans wie den äußeren Seychelleninseln einschließlich des Weltkulturerbes Aldabra mit 100.000 dort lebenden Riesenschildkröten, den Maskarenen (Mauritius, Réunion, Rodriguez), Madagaskar oder den Komoren. Die Zentralgruppe der inneren (bzw. granitischen) Seychellen liegt nur wenige Breitengrade südlich des Äquators und damit nördlich und außerhalb des Wirbelsturmgürtels der südlichen Hemisphäre. Ein Gefahrenmoment weniger für den Besucher und ein Pluspunkt für die »Paradies-Werbelinie« des Landes.

Doch die Stabilität der Witterung, die hier seit Menschengedenken durch zwei praktisch gleich warme »Jahreszeiten« geprägt wurde, den Wechsel zwischen dem Südostmonsun in unserem Nordsommer (Mai bis Ende Oktober) und dem Nordwestmonsun in unserem Winter (November bis März), hat merklich nachgelassen.

Das Klima ändert sich, das ist auch den einheimischen Seychellois bewusst. 2011 hat es beispielsweise im ersten Halbjahr bis Ende Juli kaum geregnet. Das Land und die Menschen litten massiv unter der Wasserknappheit. Dann, Anfang August, kam der Regen, zur Zeit des Sommermonsuns, der zwar recht viel Wind und unruhige See bringt, aber normalerweise weniger Niederschlag.

Kaum eine andere Frage an einen Einheimischen löst so viel Heiterkeit und zum Teil sogar Unverständnis aus wie jene nach dem Wetter am kommenden Tag. Die Seychellois lachen nur darüber und können dem manchmal verzweifelten Touristen nur selten eine brauchbare Antwort geben. Zum Teil liegt es an der Mentalität – es kommt, wie es kommen muss und wir können es ohnehin nicht ändern –, zum Teil haben sie wohl gelernt, dass sinnvolle Prognosen einfach kaum möglich sind. Das Wetter spielt sich – wie für kleine ozeanische Inseln typisch – manchmal derart kleinräumig ab, dass einige hundert Meter weiter völlig andere Bedingungen herrschen als in benachbarten Teilen der Inseln. Generell ist ein Klimawechsel in Gang, das zweifelt kaum

An manchen Stellen der Seychellen kann man immer noch sehr schön schnorcheln, obwohl die Riffe im Jahr der großen Korallenbleiche 1997/1998 stark gelitten haben und sich nur teilweise regenerieren konnten. Ein imposanter Schnorchelplatz liegt bei der Insel Cocos in der Nähe von La Digue, wo man durch dichte Schwärme von Soldatenfischen und vielen anderen Riffbewohnern schwimmen kann.

noch jemand an. Dass sich die Witterung in den letzten Jahren generell verschiebt, davon sind die meisten Seychellois überzeugt.

Für das Land, seine Unterwasserwelt und für den Tourismus hatten bereits die großräumigen Wetterkapriolen der letzten 15 Jahre verheerende Folgen. Praktisch alle seichten Korallenriffe rund um die Granitinseln sind im El Niño-Jahr 1997/1998 abgestorben, ein Schlag, von dem sich das seicht von Meer überflutete Granitplateau der Seychellen, dieser Mikrokontinent, nur begrenzt erholen konnte (siehe Kasten Seite 173). Viele Touristen sind beim Anblick der Korallenfriedhöfe, die sich nur langsam, stellenweise aber kaum erholen, zutiefst erschüttert. Manche Besucher, die die Unterwasserwelt der Seychellen schon vor dem Korallensterben kennenlernen konnten und nun, 15 Jahre später wiederkommen, haben bei diesem Anblick Tränen in den Augen. Die Veränderungen sind verheerend.

Insgesamt hat man bei Studien der Unterwasserwelt den Eindruck, dass sich junge, gesunde Korallenstöcke mehr auf den Granitblöcken entfalten als auf den Korallenfriedhöfen, den Carbonatplattformen und abgestorbenen Korallenbruchstücken, an jenen Stellen also, an denen es bereits früher blühende Riffe gegeben hat. Das liegt möglicherweise an zwei Faktoren: Erstens bieten die Granitblöcke einen absolut stabilen Untergrund, der seine Position selbst bei den stärksten Stürmen und bei hohen Wellen nie verändert. Diese Stabilität brauchen Korallenstöcke für ihre dauerhafte Entwicklung. Die losen, einzelnen, toten Kalkbruchstücke hingegen können bei starker Hydrodynamik (Stürme, Wellen) verschoben werden und ihre Position verändern, was junge, nachwachsende Korallenstöcke in ihrer Entwicklung stört oder sogar zum Absterben bringen kann. Zweitens ist das Wasser rund um die Granitfelsen selbst bei Strömung und Wellen klarer, mit Sauerstoff angereichert und weniger durch Sedimente belastet. Auf den einstigen Riffflächen sammelt sich hingegen feiner Sand und Sediment an, der immer wieder aufgewirbelt wird. Das ertragen viele Korallen nicht auf Dauer.

Viele Korallenstöcke haben es an den passenden, exponierten Stellen, oft bei kleinen Inseln und Felsen im offenen Ozean wie Ave Maria oder Booby Island, seit 1998 wieder zu beachtlichen Dimensionen gebracht, vor allem Geweih- bzw. Baumkorallen der Gattung Acropora. Dies ist die wichtigste und artenreichste Gattung der riffbildenden Steinkorallen – mit dem Vorteil, dass die Stöcke und Äste recht schnellwüchsig sein können, 15 bis sogar 25 Zentimeter im Jahr. Andere Stellen, an denen man üppiges Korallenwachstum beobachten kann, sind etwa Dragons Teeth und Brissaire Rock nördlich von Mahé, oder Île aux Vaches südlich von Therese Island an der Westseite der Hauptinsel. Zum Glück gibt es rund um die Seychellen zahlreiche solche Stellen. Viel trostloser präsentiert sich die Unterwasserlandschaft an einst berühmten Schnorchelplätzen wie Cocos Island und Felicite in der Nähe von La Digue oder das Inselchen St. Pierre zwischen Praslin und Curieuse. Hier wird der Grund großflächig weniger aus Granitblöcken gebildet als vielmehr von den Bruchstücken einstiger Korallenriffe und Sandflächen. Dieses Substrat ist somit größtenteils mobil. In manchen Jahren hatte man den Eindruck, dass Regeneration einsetzt und bestimmte Pionier-Korallenarten Fuß zu fassen beginnen. Dann, ein Jahr später, waren die verheißungsvollen Regenerationsansätze weg und der Korallenfriedhof sah genauso trostlos wie schon vor 14 Jahren aus. Die Touristen tragen an den besonders oft besuchten Schnorchelplätzen zur Zerstörung bei: Da sie nicht ausreichend gut Flossenschwimmen können und in den meisten Fällen auch nicht ökologisch aufgeklärt sind, stellen sie sich auf die Riffe und trampeln die jungen Korallen und andere Meeresbewohner nieder.

Besonders viele Fische sammeln sich in den Höhlen unter den riesigen Granitblöcken. Auch kleine Weißspitzen-Riffhaie sind hier zu finden. Die dominierende Farbe der Fische an schattigen Plätzen ist Rot.

Die Seychellen und das große Korallensterben

Gegen Ende der 1990er Jahre wurden große Teile des Indopazifiks von einem massiven Korallensterben in Folge der längerfristig erhöhten Meerestemperatur über 30 °C getroffen. In diesem Exkurs wollen wir die komplizierte Biologie der riffbildenden Steinkorallen erläutern – und wie es dazu kommen konnte, dass Korallenriffe derart großflächig abgestorben sind.

Die wichtigsten, aber lange nicht die einzigen Erbauer der faszinierenden Korallenriffe, die Steinkorallen *(Scleractinia)*, gehören zu den sechsstrahligen Blumentieren *(Hexacorallia, Anthozoa)* innerhalb der Nesseltiere *(Cnidaria)*. Wenn man ihre »Einzeltiere«, die Polypen mit ihren Tentakeln, genau unter die Lupe nimmt, merkt man, dass die Tentakel zahlreich und schwer zu zählen sind. Auf keinen Fall sind es acht an der Zahl; ihre Anzahl beträgt immer ein Vielfaches von Sechs. Außerdem haben ihre Tentakel niemals kleine Seitenästchen, sie sind also grundsätzlich anders als jene der Horn-, Leder- und Weichkorallen nie gefiedert. Der aufmerksame Schnorchler und Taucher kann allein aufgrund dieser Merkmale eine erste grobe Zuordnung der beobachteten Art vornehmen. Doch man braucht viel Geduld und Wissensdrang, um sich in der Formen- und Farbenvielfalt der Blumentiere zurechtzufinden. Denn die Evolution hat in den Meeren eine wahrlich verblüffende und unfassbar schöne Diversität dieser Lebewesen hervorgebracht.

Die Baumeister der Meere sind somit genauso Tiere, wie Quallen es sind, eine Tatsache, die vielen Bewunderern der Riffe beim Schnorcheln und Tauchen nicht besonders einleuchtet. Manchmal sehen sie wie Steine bzw. Felsen aus. Das ist vor allem dann der Fall, wenn die einzelnen Polypen in ihre Kelche eingezogen sind und der Korallenstock ruht und einem Stein gleicht. Manche Arten sind vor allem nachts aktiv; in ihrer vollen Pracht kann man sie also vor allem bei nächtlichen Vorstößen ins Meer sehen. Ohne biologische Vorkenntnisse sind diese Lebewesen wahrlich schwer durchschaubar: Wo ist vorne und wo hinten, wo ist oben und wo unten, wo ist der Kopf und wo ist da eigentlich das Tier?

Nesseltiere bestehen grundsätzlich aus nur zwei Zellschichten, zwischen deren eine versteifende Zwischenschicht ohne Zellen liegt. Sie heißen so, weil sie in der äußeren Zellschicht, der Epidermis, in großer Dichte spezielle Nesselzellen besitzen. Diese Nesselzellen enthalten die Nesselkapseln oder Cniden – darin befindet sich das Gift (ein Protein oder ein Proteingemisch), das viele Menschen bereits durch Nesselverletzungen durch Quallen unfreiwillig kennen gelernt haben. Sie sind als effektive Angriffs- und Verteidigungswaffe für den extremen Erfolg der Nesseltiere in der Erdgeschichte seit hunderten Millionen von Jahren verantwortlich und waren für diese Tiergruppe namensgebend *(Cniden – Cnidaria)*. Nesseltiere kann es in zwei Grund-Lebensformen geben, als Polyp und als frei schwimmende Meduse (Schirm nach oben orientiert, Mundöffnung und Tentakeln nach unten). Die letztere Lebensform ist den meisten Menschen durch die Quallen geläufig. Die Polypen hingegen sind oft recht klein und in Kolonien organisiert, so dass sie von vielen Menschen weniger bewusst wahrgenommen werden. Man kann sich die Polypen als eine umgedrehte Meduse vorstellen, die Mundöffnung ist nach oben orientiert und von Tentakeln umgeben. Anemonen etwa sind solitäre, einzelne Polypen.

Die allermeisten riffbildenden Steinkorallen – in der Meereskunde bezeichnet man sie als hermatypisch – bestehen aus kleineren kolonie- bzw. stockbildenden Polypen, die ein gemeinsames Außenskelett aufbauen. Das bedeutet, dass ein Korallenstock nicht bloß aus einem Polypen, sondern aus einer ganzen Kolonie von vielen Einzelpolypen besteht. Bei manchen Arten sind diese Polypen recht groß und im aktiven Zustand mit freiem Auge leicht zu erkennen, bei anderen sind sie winzig klein, die einzelnen Tentakel der Polypen gleichen kleinen Fäden oder Haaren, so dass man genau hinsehen muss, um den beschriebenen Grundbauplan zu erkennen. Jeder Steinkorallen-Polyp sitzt in einem Kelch aus Calciumcarbonat ($CaCO_3$), das durch die Epidermis der Fußscheibe abgesondert wird. Wie das passiert? Das Meerwasser enthält gelöstes Calciumhydrogencarbonat. Dieses wird von den Korallentieren als Grundbaustoff verwendet. Calcium-Ionen, im Wasser und im Gewebe der Polypen gelöste Kohlensäure und Calciumkarbonat befinden sich im Gleichgewicht, wobei die Korallentiere ein Enzym namens Carboanhydrase einsetzen, um die Kohlensäure in Kohlendioxid und Wasser zu spalten.

All die komplizierten Vorgänge der Kalkabsonderung der Polypen und damit des Wachstums eines Korallenriffs könnten ohne einen weiteren, ganz entscheidenden Faktor nicht funktionieren. Das ist zugleich jener Faktor, der uns die temperaturbedingte Korallenbleiche (coral bleaching) verständlich machen kann. Es handelt sich um Kleinstlebewesen, um Mikroorganismen, die in der Erdgeschichte mit den Korallentieren eine enge Kooperation eingegangen sind, eine echte Symbiose, von denen beide völlig unterschiedliche Partner einen Nutzen ziehen. Es geht um einen »Einzeller«, einen Vertreter des Phytoplanktons (= pflanzliches Plankton), eine Mikroalge, eine photosynthetisch aktive Lebensform, die nur im Mikroskop deutlich zu erkennen ist. Ihr wissenschaftlicher Name ist Symbiodinium microadriaticum, ein Vertreter der Panzergeißler oder Dinoflagellaten. In ihrer ökologischen Rolle als Symbiosepartner von Meerestieren (denn sie kommen nicht nur in Korallentieren, sondern auch in zahlreichen weiteren Meeresbewohnern vor – man denke etwa an die Riesenmuschel mit ihren wunderbaren Farbmustern) bezeichnet man sie als Zooxanthellen. Fast alle riffbildenden Steinkorallen sind mit wenigen Ausnahmen zooxanthellat – sie beherbergen die Zooxanthellen in ihrem Gewebe zu Hunderttausenden und Millionen. Was aber bewirken diese Organismen in der Koralle und wie hängt

das mit der Bautätigkeit der Korallen und ihrem Absterben zusammen?

Chemische Reaktionen können je nach äußeren Bedingungen in beide Richtungen ablaufen. Wenn etwas entsteht, kann es unter Umständen auch wieder leicht zerfallen. Kohlendioxid, das im Meerwasser und in den Korallen gelöst ist, ergibt mit Wasser Kohlensäure. Säuren lösen Kalk auf; zu viel davon würde also in den Korallen der intensiven Kalkproduktion entgegenlaufen. Die Millionen von Zooxanthellen verbrauchen als photosynthetisch aktive Organismen während der Assimilation CO_2. Sie entziehen es dem Korallengewebe in derart großen Mengen, dass die chemische Reaktion zugunsten der Kalkabsonderung durch die Polypen kippt. Das saure Milieu in der Koralle wird abgeschwächt, was gut für die Kalkabsonderung ist. Nur dank den Zooxanthellen können die Korallentiere so viel und so intensiv Kalk produzieren, dass sie eine Netto-Produktion schaffen, die den ständig wirkenden abtragenden Kräften des Meeres trotzen kann und diese um ein Vielfaches überragt. Immerhin: Rezente Riffe bzw. durch Korallen erbaute Carbonatplattformen können eine Mächtigkeit von 500 Meter erreichen – und eine Länge von 2000 Kilometern wie im Großen Barriereriff vor Australien! Noch verblüffender ist, dass fossile Riffe bis zu zwei Kilometer dick waren (z. B. der heutige Dachstein in den österreichischen Alpen).

Die idealen Lebensbedingungen für Korallenriffe, die zu den produktivsten Lebensgemeinschaften der Erde zählen, bieten tropische und subtropische Meeresgebiete mit einer minimalen winterlichen Wassertemperatur von 20 bis 22 °C, mit ausreichend klarem Wasser und damit Licht (darum wachsen »klassische« Korallenriffe nur bis zu einer Tiefe von etwa 40 Meter üppig; darunter reicht das Licht für die symbiontischen Zooxanthellen nicht mehr aus), mit ausreichend Sauerstoff (darum wachsen Riffe in Richtung offenes Meer am stärksten, in Richtung der hinter dem Riff liegenden Lagunen hingegen weniger intensiv) und ohne zu starke Sedimentfracht. In trüben Flussmündungen etwa gedeihen Korallenriffe nicht gut.

Doch nicht nur zu niedrige Wassertemperaturen sind für riffbildende Korallen schädlich, sondern auch zu hohe. Das führt uns zum traurig-berüchtigten Phänomen des coral bleaching, der Korallenbleiche. Der fein abgestimmte Stoffwechsel zwischen Koralle und Mikroalge mit all den komplexen Wechselwirkungen und Austausch von Stoffen funktioniert nicht mehr, wenn die Wassertemperatur längerfristig mehr als 30 °C beträgt. Die sensible, geheimnisvolle Partnerschaft wird durch Stressfaktoren gestört, die Zooxanthellen werden abgestoßen, die Korallen verlieren einen großen Teil ihrer Pigmentierung und werden weiß, ein Prozess, der sehr schnell, sozusagen vor den Augen des Beobachters, ablaufen kann. Wenn sich die Lage nicht normalisiert und die Zooxanthellen nicht wieder in die Korallen »einziehen«, sterben diese nach einigen Wochen definitiv ab und werden von Algen überwuchert.

In den letzten Jahren erkannte man allmählich, dass das Phänomen des Korallensterbens noch wesentlich komplexer ist, als man ursprünglich dachte, und nicht nur von der Temperatur, sondern auch von (wahrscheinlich vielen) weiteren Faktoren beeinflusst werden kann. Das Meerwasser ist voller Leben, in jedem Tropfen kommen Abermillionen von Viren, Archeen, Bakterien, Pilzen und weiteren Mikroorganismen vor. Die Korallentiere sind für all diese Mikroorganismen »offen« und ihnen ausgesetzt. Eine gesunde Koralle muss man sich als Superorganismus vorstellen, der in Harmonie mit diesen Mikroorganismen und der Umwelt lebt. Wenn aber das fein abgestimmte Uhrwerk nicht mehr funktioniert, wenn die Koralle nicht mehr »fit« ist, fällt sie den diversen belebten und unbelebten Faktoren der Umwelt zum Opfer. Neben der erhöhten Temperatur und den Mikroorganismen könnte die Versauerung der Meere ebenso eine Rolle spielen wie die Wasserverschmutzung, Einleitung ungeklärter Abwässer und zu viele Nährstoffe im Wasser, chemische Belastungen, Herbizide, Plastik, Sonnenaktivität und UV-Strahlung, Erhöhung der Sedimentationsfracht durch Bautätigkeit und Veränderungen an Land und weitere Faktoren. An den Korallenkrankheiten wird intensiv geforscht, denn ihr Schicksal ist eine der großen Zukunftsfragen der Menschheit. Wir sind noch weit davon entfernt, alles auch nur annähernd zu verstehen. Eines ist jedoch sicher: Schon die bisherigen Entwicklungen und Erkenntnisse sind beunruhigend genug. Einer der artenreichsten Lebensräume der Erde erweist sich als äußerst fragil, anfällig gegen jede kleine Veränderung, die wir verursachen. Unsere Verantwortung ist es, das Meer wieder rücksichtsvoller zu behandeln, es möglichst gesundzuerhalten und alles zu unternehmen, um Schlimmeres zu verhindern.

Ein Papageifisch schwimmt vor den Trümmern eines einst prächtigen Korallenriffs. Die Korallenriffe haben sich in den letzten 15 Jahren kaum regeneriert. Anders ist die Situation auf den Granitfelsen, auf denen sich wieder wunderschöne Korallen entwickeln konnten.

Zwischen den großen Granitblöcken der Uferregion lassen sich beeindruckende Schnorchelgänge unternehmen. Die von den Wellen ausgehende Gefahr sollte man dabei nicht unterschätzen.

In Bezug auf den Gesundheitszustand der Korallenriffe sind wir somit auf den Seychellen stellenweise Lichtjahre von einem »unberührten Paradies« entfernt. Wie realistisch sind die anderen Behauptungen in Bezug auf dieses von der Eigenwerbung des Landes und der Tourismusindustrie als paradiesisch angepriesenes Land? Das erste Jahrzehnt des neuen Jahrhunderts und Jahrtausends brachte beispielsweise einen massiven Anstieg der Diebstahlkriminalität mit sich. Während die Seychellen früher mit Recht als eines der sichersten Reiseländer galten, in dem man Rucksäcke und Wertgegenstände sorglos am Strand liegen lassen und Frauen nachts allein an Stränden spazieren konnten, musste man gegen Ende des Jahrzehnts radikale Maßnahmen ergreifen und keinen Augenblick unaufmerksam werden, um nicht bestohlen zu werden. Sogar zu bewaffneten Überfällen an

Touristen und Yachten ist es gekommen. Viele, selbst abgelegene Strände wie Anse Major auf Mahé oder Anse Cocos auf La Digue werden heute von Sicherheitsbeamten überwacht, was die Kriminalität aber leider bisher nicht stoppen konnte. Tausende Touristen wurden bestohlen, was dem Ruf des Landes geschadet hat.

Auf den ersten Blick ist diese Entwicklung eine soziologische und hat wenig mit der Natur oder dem Umweltschutz zu tun. Das stimmt bis zu einem gewissen Grad, doch viele Einheimische und Beobachter vermuten dennoch einen Zusammenhang. Die Globalisierung führt unter anderem dazu (wie es auch in vielen anderen Ländern selbst Westeuropas passiert), dass der soziale Zusammenhalt des Landes und Volkes zerbröckelt. Ausländische Investoren drängen mit ihrem Kapital auf die Inseln, Korruption führt dazu, dass manche der wertvollsten Landstriche der Seychellen an Fremde verkauft werden. Inmitten von Nationalparks und Schutzgebieten werden gigantische Bauprojekte umgesetzt. Die Wunden in der Landschaft führen zu noch mehr Erosion, der fruchtbare Boden ist längst weggespült, die rote Lateriterde schimmert auf den Hügeln durch die verkümmerte Sekundärvegetation, wird ins Meer geschwemmt und zerstört die sich langsam regenerierenden Korallen. Bäche, die den Menschen seit Generation als Wasserquelle dienten, waren plötzlich durch weit oben liegende Baustellen verunreinigt, und die Menschen erkrankten.

Nur ein solches Beispiel aus vielen ist Raffles im Nordosten von Praslin, ein gigantisches Bauvorhaben direkt am Curieuse Marine National Park zwischen Praslin und der vorgelagerten Insel Curieuse. Die Werbung der riesigen Apartementanlage suggeriert dem potentiellen Käufer einer komfortablen Wohnanlage das »wiedergeborene Paradies« (paradise reborn). Doch wenn man direkt an der Anlage vorbeifährt oder von Curieuse aus über den Kanal hinüber die Wunden in der Landschaft von Praslin sieht, glaubt man eher in der Hölle gelandet zu sein – in der ökologischen Hölle. Die kaputte, völlig degradierte Landschaft ist wahrlich ein Desaster und bietet keinen schönen Anblick. Viele Besucher sind entsetzt.

Die Wunden in der Landschaft von Praslin und Curieuse sind nicht neu. Bereits die ersten Siedler vernichteten innerhalb von Jahrzehnten die Wälder, mit ihnen etliche endemische Baumarten und gaben den Boden der Erosion preis. Irgendwer hat einmal Curieuse als die hässlichste Insel des Indischen Ozeans bezeichnet. Viele Hügel von Praslin sehen genauso entsetzlich aus.

Die rote Lateriterde schimmert überall durch, die Vegetation kann sich von allein nicht mehr regenerieren. Der Anblick der Landschaft ist trostlos und gleicht einer blutenden Wunde. Aus ökologischer Sicht handelt es sich um die letzte, irreversible Stufe der Landschaftsdegradation, wie man sie auch in manchen Regionen des Mittelmeerraumes findet.

Es verwundert, warum die Regierung hier nicht schon vor Jahrzehnten Wiederaufforstungsprogramme gestartet hatte – und sei es mit den aus Australien stammenden Kasuarinen (Casuarina equisetifolia; ein eingeführter, genügsamer, salztoleranter Baum, der mit wenig Wasser auskommt und sich sehr gut für Wiederaufforstungen und für den Aufbau einer neuen Humusschicht eignet). Hauptsache die Hänge und Hügel wären grün, würden eine Humusschicht aufbauen, mehr Wasser im Grund speichern und weniger verdunsten und oberflächlich abfließen lassen, würden nicht so deprimierend kaputt und ökologisch degradiert aussehen und bei Regen keine tödlichen Sedimentladungen ins Meer schicken. Kasuarinen beeindrucken durch ihre Salzresistenz und Schnellwüchsigkeit. Für den Laien sehen sie ein wenig wie Nadelbäume aus (manchmal spricht man von kreolischen Weihnachtsbäumen), sie sind es aber nicht. Innerhalb weniger Jahre schaffen sie es, den Boden zu stabilisieren und eine fruchtbare Humusschicht zu bilden. In vielen tropischen und subtropischen Ländern, so auch auf den Seychellen, ist der Baum ein ökologischer Zauberkünstler, er wird zum Windschutz und zur Befestigung von neu geschaffenen Landstrichen oder Dünen angepflanzt. Die Art kann auch auf sehr nährstoffarmem Sand wachsen, eine Fähigkeit, die auf einer Symbiose der Wurzeln mit stickstofffixierenden Strahlenpilzen beruht.

Doch zurück zu den Wurzeln des Übels. Was haben negative soziologische Entwicklungen wie der Anstieg der Kriminalität mit der ökologischen und politischen Situation der Inseln zu tun? Die soziale Schere klafft immer weiter auf. Wie in anderen westlich geprägten, globalisierten Gesellschaften gibt es auch hier Gewinner und Verlierer. Ausländische Investoren drängen auf den Markt, kaufen mit Hilfe der korrupten Politik die besten Landstriche auf – und das in einem Land, in dem sozusagen jeder Quadratmeter gezählt ist. Mit Ausnahme einiger kleinen Landstriche, die man durch die ökologisch umstrittene Landaufschüttung mit Sand vom Meeresgrund geschaffen hat, wird das Land nicht größer, während die Bevölkerung ständig wächst. An den Hügeln und Bergen rund um Victoria fressen sich die Siedlungen der Menschen immer höher die Hänge hinauf – auch in Richtung des Morne Seychellois-Nationalparks. Für saudische Prinzen sind hier Bauvorhaben möglich, die für jeden anderen unmöglich und undenkbar wären. Gigantomanische Projekte auf den Berggipfeln verunstalten weit sichtbar die Landschaft und signalisieren: Wir haben uns mit den Regierenden und Machthabern hier geeinigt und können so etwas durchziehen. Durch Gegenleistungen wie Entsalzungsanlagen oder Krankenhäuser versuchen die »neuen Herren« die Sympathien der Bevölkerung zu gewinnen, ob mit ausreichendem Erfolg ist fraglich.

Luxushotel-Anlagen entstehen an den schönsten Plätzen, zum Teil ebenfalls in Schutzgebieten. Manchmal werden ganze Inseln oder kleine Inselgruppen verunstaltet. So wurde ein umstrittenes Bauvorhaben auf der Insel Felicité (unweit von La Digue in der Praslin-Gruppe) zwar vor Jahren gestartet, doch im Herbst 2011 standen die Bauruinen und Betongerippe kilometerweit

sichtbar schon ein Jahr lang unverändert da. Den Investoren ist wohl das Geld ausgegangen. Manche junge Seychellois haben den Eindruck, dass ihnen ihre eigene Zukunft geraubt wird, ihr eigener, recht beschränkter Lebensraum, von dem sie und ihre Nachkommen in Zukunft leben müssen. Doch die Gustostückchen des eigenen Landes werden nicht mehr ihnen gehören.

Der Drogenkonsum ist massiv gestiegen, leider auch von harten Drogen und nicht nur »Gras«, das bei den jungen und junggebliebenen Rastafaris immer schon beliebt und Teil ihrer Kultur war. Der Verlust des sozialen Zusammenhalts und des Glaubens an eine Zukunft führten vor allem viele junge Männer in den Drogenkonsum und die Kriminalität. Nicht einmal Safes in den Hotels und Gästehäuser konnten in manchen Fällen die Besucher davor bewahren, beraubt zu werden.

Zweifellos sind die Seychellen für ein afrikanisches Land vorbildlich und in Sachen Naturschutz weiter entwickelt als viele andere vergleichbare Länder. Nach Plänen der Regierung aus dem Jahr 2011 sollen letztlich mehr als 50 Prozent des Landes unter gesetzlichen Schutz kommen. Bereits 2010 sind der Silhouette National Park und das Recif Island Reserve entstanden, womit die Fläche der geschützten Gebiete auf 47 Prozent gestiegen ist. Der Plan klingt ausgezeichnet und wie Musik in den Ohren von Naturschützern: Im Interesse der jetzt lebenden und künftigen Generationen der Seychellois sowie der Besucher der Inseln soll die Regierung zur Verantwortung gegenüber der »Convention on Biological Diversity« (CBD) stehen und deren Ziele umsetzen. Doch was genau heißt »Schutzgebiet«? Das bereits genannte Beispiel des Bauprojekts Raffles auf Praslin, das mitten im Curieuse Marine National Park errichtet wurde, und das 30 Jahre nach dessen Proklamation, zeigt, wie viel oder wie wenig ein bloßer Naturschutzrang wert ist. Wesentlich ernsthafter wird der Schutz des Vallée de Mai umgesetzt, ein Nationalheiligtum der Seychellen und Weltkulturerbe der UNESCO: Hier wachsen die allermeisten Coco de Mer-Palmen (Lodoicea maldivica), einer der merkwürdigsten, geheimnisumwobenen Palmen und Bäume unserer Erde.

Doch in vielen anderen Schutzgebieten, etwa im Île Cocos Marine National Park, das hier als Beispiel erwähnt werden soll, laufen die Dinge für den Naturschutz weniger gut. Zwar wird direkt vor Ort von jedem Besucher eine Nationalpark-Gebühr eingehoben, aber was mit diesem Geld genau passiert, ist dem an Naturschutz interessierten Touristen weniger klar. Keine einzige Ankerboje ist in der Nähe des kleinen Strandes bzw. Schnorchelplatzes installiert. Zu den Stoßzeiten ankern hier unzählige Boote direkt im Riff, besser gesagt dort, wo es einst ein blühendes Riff gegeben hat. Wiederholte Male werfen sie täglich ihre Anker und ziehen sie wieder hoch. Denn das Riff ist seit dem großen Korallensterben 1998 vernichtet und regeneriert sich auch kaum (siehe Seite 173). Massenhaft werden Touristen zur Insel gebracht, ohne jede umwelterzieherische Aufklärung. Auf der Insel steht keine Tafel mit irgendwelchen Verhaltensregeln. Für die kreolischen Bootsbesitzer vom benachbarten La Digue oder Praslin sind die Schnorchler ein gutes Geschäft. Den Massen von Touristen fehlt oft jede Umweltsensibilität. Sie stehen mit ihrem Flossen auf dem ehemaligen Riff und – das ist nicht die Ausnahme, sondern die Regel – trampeln die zarten Korallensprösslinge nieder, die zaghaft versuchen, im großen Korallenfriedhof wieder Fuß zu fassen. Die kreolischen Begleiter springen ins Wasser und suchen die Gegend nach Meeresschildkröten ab. Diese werden dann für die johlenden Touristenmassen aus dem Wasser gehoben, um besser fotografiert werden zu können. Während das Tier abgelichtet wird, stehen alle Beteiligten auf dem Riff. All das passiert oft direkt vor den Augen der Nationalpark-Ranger, die sich vor allem auf das Einkassieren der Eintrittsgelder konzentrieren. Nicht selten wird keine Quittung ausgestellt, und bei Gruppen kann man mit den jungen Männern auch verhandeln … Häufig werden in den Gewässern des Nationalparks illegal Haie für das Finning (siehe Seite 120), Langusten und andere Meeresbewohner aus dem Wasser geholt. Kein Wunder, dass sich manche Besucher weigern, unter diesen Umständen die verlangte Gebühr zu bezahlen.

Eine besonders niedliche endemische Tierart der Seychellen: Der Seychellen-Baumfrosch. Wie seine riesigen Augen verraten, ist er überwiegend nachtaktiv. Den Tag verbringt er ruhend auf der Vegetation.

Faszination Hai: Die eleganten Jäger bevölkern und beherrschen die Meere seit mehr als 400 Millionen Jahren. Von den etwa 500 heute lebenden Arten sind 98 Prozent für den Menschen mehr oder weniger harmlos. Nur zehn Arten sind gelegentlich in Zwischenfälle verwickelt, drei davon regelmäßig. Allein diese Fakten zeigen, dass eine allgemeine Hysterie vor allem, was den Namen Hai trägt, nicht angebracht ist.

Anse Lazio und der »Schwarze August« 2011: Wie gefährlich sind Haie wirklich?

Haie sind durch Menschen millionenfach stärker gefährdet als Menschen durch Haie. Selbst das »Rekordjahr« 2011 mit 16 Haitoten weltweit in den ersten zehn Monaten des Jahres ändert daran nichts. Allein auf Réunion hat es in diesem Jahr drei Tote gegeben, zwei auf den Seychellen, drei in Südafrika – man sieht, dass Bereiche des westlichen Indischen Ozeans durchaus zu den Hotspots der Hai-Zwischenfälle gehören. Die »Opferzahlen« auf der anderen Seite der Front kann hingegen niemand beziffern, sie gehen in die hunderte Millionen. Sicher ist, dass auf den Seychellen selbst wie auch überall sonst auf der Erde die Bestände vieler Haiarten dramatisch schrumpfen. Mit ihrem Verschwinden ist das sensible Gefüge des gesamten Ökosystems Ozean gefährdet.

Am 1. August 2011 erschütterte eine tragische Nachricht die Welt der eingefleischten Seychellenliebhaber, diese große, internationale Gemeinde in vielen Ländern. Kaum einer dieser Menschen brachte die Seychellen jemals mit der Gefahr von Haiangriffen in Verbindung. Besucher, die seit vielen Jahren kommen und sozusagen »jeden Stein« auf den Inseln kennen, verbrachten Stunden, Tage und Wochen im Wasser, mit Schwimmen, Schnorcheln und Tauchen, oft genug allein und weit draußen im Meer – ohne jede Angst und ohne Bedenken. Doch dem 36-jährigen französischen Lehrer Nicolas Virolle wurde am 1. August ausgerechnet einer der berühmtesten Strände der inneren Seychellen und der Welt zum Verhängnis – der Anse Lazio im Norden der Insel Praslin.

Der Mann schrie um Hilfe und manche Anwesende hörten dabei deutlich das Wort »Hai«. Das Wasser verfärbte sich rot, Virolle wurde mehrmals nach unten gezogen. Jede Hilfe für den jungen Mann kam zu spät. Seine Bisswunden waren zu schwer, er verblutete und starb lange bevor 40 Minuten später der Rettungswagen eintraf.

Rückblickend ist es immer leicht, die Verantwortlichen zu kritisieren, doch es drängt sich der Eindruck auf, dass die Behörden diesen »einmaligen« Fall vertuschen wollten. Man sprach von einem möglichen Unfall mit einer Motorboot-Schraube, obwohl keiner der Augenzeugen daran glaubte. Ähnlich wie im berühmten Film »Der weiße Hai« wollten die Behörden nicht, dass der tragische Fall überall bekannt wird und den für das Land so wichtigen Tourismus gefährdet. Im Zeitalter des Internets eine naive Vorstellung. Wenige Minuten später ging die Nachricht in diversen Foren und Internetplattformen bereits rund um den Globus.

Dennoch wussten viele Besucher der Inseln nichts von den Geschehnissen. Etwa zwei Wochen später waren die Seychellen trotz der unsicheren, regnerischen Witterung, die seit Anfang August andauerte, gut von Touristen besucht. Da schlug der Hai im linken Bereich des Strandes, also auf der westlichen Seite, erneut zu und tötete diesmal den 30jährigen Briten Ian Redmond, der hier seine Flitterwochen verbrachte. Das britische Paar war erst seit zehn Tagen verheiratet. Die 27jährige Gemma Redmond saß am Strand und musste den tödlichen Angriff auf ihren frisch vermählten Ehemann mit ansehen. Ian Redmond schnorchelte nur etwa 18 Meter von Ufer entfernt. Er hatte mehrere schwere Bisswunden, der Arm mit dem Ehering wurde abgebissen und nicht mehr gefunden. Redmond hatte keine Überlebenschance. Details zu diesen und allen weiteren Zwischenfällen mit Haien kann man im Internet unter Shark Attack Survivors (http://sharkattacksurvivors.com/shark_attack/) nachlesen – eine zuverlässige Quelle für Informationen über Haiangriffe weltweit.
Der zweite tödliche Angriff ließ sich in keiner Weise mehr vertuschen. Die britische »yellow press« hat sich

des tragischen Falles ihres verunglückten Landsmannes mit Schlagzeilen wie »Die Witwe fordert Rache« angenommen. Die Regierung der Seychellen reagierte diesmal schnell und ließ die ganze Gegend rund um die Nordspitze Praslins, den Anse Lazio selbst und den Curieuse Marine National Park bis St. Pierre für Schwimmen und Tauchen sperren.

Zwei Tote durch Haie in nur 14 Tagen, an ein und demselben Strand, nachdem man auf den Seychellen jahrzehntelang kaum etwas von Haiangriffen gehört hat – es ist verständlich, dass diese Nachricht in der Bevölkerung, aber auch in der internationalen Öffentlichkeit, speziell unter den Seychellenliebhabern, nahezu eine Hysterie ausgelöst hatte. Der letzte offiziell und durch immer noch lebende Augenzeugen bestätigte Fall eines Haitoten geht auf den Seychellen auf das Jahr 1963 zurück, 48 Jahre vor den aktuellen Attacken. Doch intensive Recherchen ergaben zweifelsfrei, dass der tödliche Zwischenfall, der auf La Digue vor La Passe, unweit vom Jetty passiert ist, kein unprovozierter Haiangriff war.

Das Opfer hieß Moise Radegonde, männlich und etwa 25 Jahre alt, doch wenn man »Opfer« liest, muss man wissen, dass der junge Mann zugleich »Täter« war und den Angriff förmlich heraufbeschworen hat: Die Jagd auf Meeresschildkröten war damals noch legal und man betrieb sie im großen Stil. Von Booten aus wurden die Schildkröten mit zweizackigen Harpunen in den Hals gestochen bzw. aufgespießt. Das Wasser neben dem Hafenbecken färbte sich durch Blut rot und die Schildkröte stieß im Todeskampf entsprechende Signale aus, die Haie auf große Entfernungen wahrnehmen können. Wenn jemand ein Tier im Wasser abschlachtet, in dem Tigerhaie herumschwimmen könnten, kann von einem unprovozierten Angriff keine Rede sein.

Ein eindeutiges Resultat unserer Recherchen: Haiangriffe waren und sind auf den Seychellen absolute Ausnahmefälle! Die meisten Menschen wachsen auf den Seychellen fast schon »im Meer« auf; täglich

Zu den imposantesten und gefährlichsten Raubhaien zählen die Tigerhaie. Doch auch bei ihnen ist es nicht so, dass jede Begegnung automatisch zu einem Angriff führt, ganz im Gegenteil: Heute tauchen Haifreunde ohne jeden Schutz mit den imposanten Jägern. Den Respekt vor den Tieren sollte man trotz dieser Entwicklungen nicht verlieren.

sieht man Kinder und ganze Schulklassen im Wasser spielen. Auch Fischer und jugendliche Draufgänger haben Generationen lang Haarsträubendes im Meer unternommen – ihnen ist dabei nichts geschehen. Ronald Ladouceur und Bill Fehoko sind beispielsweise mehrmals nachts allein von La Digue nach Praslin hinübergeschwommen. Sidney Rosalie ist 2006 oder 2007 bei Marianne (bei Tauchern schon lange wegen

Der größte aller Raubhaie – und der gefürchtetste: Der Weiße Hai. Auf sein Konto gehen die meisten Angriffe. Dennoch, in Relation zu anderen Gefahren, denen Menschen ausgesetzt sind, sprechen die Zahlen für sich: Durchschnittlich gerade 10 bis maximal 15 Tote durch Haie erfasst die Statistik weltweit, und das bei den hunderten von Millionen Badenden, die sich im Wasser tummeln.

der größeren Bestände von Grauen Riffhaien beliebt) abgedriftet worden, nachdem sein Boot gekentert war. Nach 22 Stunden wurde er bei der Insel Frégate wieder aus dem Wasser gefischt, viele Seemeilen vom Ort der Kenterung entfernt. Er überlebte mit seiner Rettungsweste die ganze Nacht im Ozean treibend, obwohl er nicht schwimmen konnte – und sah während der Zeit keinen einzigen Hai. Nüchtern betrachtet gibt es für eine Haihysterie auf den Seychellen keinen rationalen Grund, so unfassbar und tragisch die zwei Fälle im August 2011 auch waren.

Nach vielen Wochen der Spekulationen erreichte gegen Ende Oktober 2011 die Öffentlichkeit die Nachricht, dass die Regierung der Seychellen in Kooperation mit südafrikanischen und US-amerikanischen

Experten die beteiligte Haiart identifizieren konnten. Für das Ergebnis ausschlaggebend war ein kleines Stück abgebrochener Zahn aus dem zweiten Opfer, Ian Redmond. Basierend auf genetischen Analysen wurde die Art als Bullenhai *(Carcharhinus leucas)* aus der artenreichen Familie der Carcharhinidae bestimmt, den die kreolischen Fischer »kilpa« nennen. Den entscheidenden, durch DNA-Proben unterlegten Beweis lieferte Professor Shivji, Direktor des Guy Harvey Research Institute von der Nova Southeastern University (Florida, USA). Die Nachricht war keine große Überraschung: Diese Art zählt zu den »großen Drei« der gefährlichen Haie (Weißer Hai, Tigerhai und Bullenhai). Nach dem Weißen Hai ist es wahrscheinlich jene Haiart, die für die meisten Angriffe oder Verletzungen an Menschen verantwortlich ist.

Die Seychellen liegen mitten im Ozean. Dieser Ozean ist wilde Natur, und Menschen, die sich in den Lebensraum der großen Haie begeben, sollten ein entsprechendes Verständnis und eine passende Einstellung mitbringen. Die touristische Vermarktung des Landes als »Paradies« sollte nicht über diese nüchterne Tatsache hinwegtäuschen: Nicht die Haie betreten unseren Lebensraum, sondern es ist genau umgekehrt. Eine hundertprozentige Garantie für Touristen, dass ein solcher Angriff nie wieder vorkommen wird, wäre eine irrationale Illusion. Keine Regierung der Welt kann eine solche Garantie geben. Risiken drohen dem Menschen in vielen anderen Lebensräumen, im Hochgebirge, im Regenwald oder in den arktischen Regionen. Dennoch werden sie von Menschen aufgesucht, die die Faszination der wilden Natur erleben möchten. Ein gewisses Risiko nehmen diese Menschen immer auf sich.

Um die tragische Geschichte vom »Schwarzen August 2011« auf den Seychellen zu einem möglichst nüchternen Abschluss zu bringen, wollen wir anschließend einige Fakten zusammenfassen:

Durchschnittlich sterben im Jahr weltweit fünf bis zehn Menschen durch Haiangriffe. Das Jahr 2011 wurde mit 16 Toten bis Ende Oktober zu einem neuen »Rekordjahr«. Dennoch bleibt die Gefahr, durch einen Haibiss zu Tode zu kommen eine der unwahrscheinlichsten Todesursachen überhaupt.

Von den an die 500 rezenten Haiarten, die derzeit der Wissenschaft bekannt sind, sind nur zehn bis zwölf Spezies tatsächlich in Angriffe auf Menschen verwickelt, von denen wiederum vielleicht fünf oder sechs öfters zubeißen. Das Zerrbild, das die meisten Menschen haben, muss daher korrigiert werden: Potenziell gefährlich sind nicht »die Haie« als Gruppe generell, sondern nur wenige spezielle Haiarten. Mehr als 95 Prozent der Spezies sind für Menschen mehr oder weniger bis völlig harmlos.

Unsere übersteigerte Angst vor Haien ist nicht rational. Sie ist eine Art »Urangst«, die Angst, lebendig verschlungen bzw. gefressen zu werden, ganz entscheidend verstärkt durch Film, Fernsehen und andere Medien. Die Großsäugetiere Afrikas wie Löwe, Elefant, Büffel, Flusspferd oder Nashorn fordern unvergleichbar mehr Todesopfer und sind für uns sicher wesentlich gefährlicher. Dennoch hat kaum jemand eine übersteigerte Angst vor diesen Tieren. Sie sind Säugetiere, haben oft ein Fell, leben an Land und atmen Luft und werden daher von uns daher anders als ein Hai wahrgenommen, der in den geheimnisvollen, fremden, dunklen, kalten und schier endlosen Weiten der Ozeane herumschwimmt. Eine weitere Zahl, um die Relationen richtig einschätzen zu können: Allein in Indien gibt es mehrere zehntausend Tote jährlich allein durch giftige Schlangen!

Man sollte den Respekt vor Haien bewahren, ohne eine irrationale Angst zu schüren, denn manche Haiarten sind mächtige marine Prädatoren, die eine potenzielle Gefahr für den Menschen darstellen können und in ihrem Verhalten uns gegenüber immer wieder unberechenbar sind. Haie werden angefüttert oder durch unüberlegtes und unverantwortliches Handeln unbeabsichtigt angelockt. Wenn Futter im Spiel ist, kann sich das natürliche Verhalten der Haie ändern. Nicht wenige Haiunfälle lassen sich auf diese Ursache zurückführen. Das Anfüttern von Haien, das Wegwerfen organischer Abfälle ins Meer (etwa Fisch- und Nahrungsreste) von Yachten und Schiffen in der Nähe von Badestränden, sind unverantwortlich und können zu Verletzungen oder sogar zum Tod anderer Menschen führen. Das war auch vor dem Anse Lazio auf Praslin der Fall, wo während des sommerlichen Südostmonsuns über Wochen und Monate sehr viele Boote und Schiffe ankern, da die Bucht in dieser Zeit dank der nördlichen Ausrichtung einen wunderbar vor dem Wind geschützten Ankerplatz bietet.

Der Walhai kommt zwischen Mitte August und Mitte November regelmäßig zu den Seychellen. Besonders häufig ist er rund um die Westseite der Hauptinsel Mahé zu finden. Auf den Seychellen selbst wird diese friedliche Art nicht gejagt, doch die Tiere migrieren zur ostafrikanischen Küste, wo sie in großer Zahl abgeschlachtet werden.

Wie zu befürchten war, folgte auf die zwei Haiangriffe von Anse Lazio ein sinnloses Abschlachten von kleinen und völlig harmlosen Haien – und ebenfalls Rochen. Beide sind wichtige Bestandteile des Ökosystems Ozean. Knorpelfische werden auf den Seychellen traditionell gern gefischt und gegessen. Hinzu kommt das berüchtigte »Finning«, das Abschneiden der Flossen dieser Tiere für den asiatischen Markt, auf dem sie sehr viel Geld einbringen. Die Haipopulationen rund um die Seychellen gelten schon lange Zeit als gefährdet. Viele Fischer nutzten die aufgeheizte Stimmung als Legitimation, um Gesetze und Absichtserklärungen der Regierung zum Schutz der Haibestände zu umgehen. Ein Blick auf den Fischmarkt von Victoria hat in der zweiten Jahreshälfte 2011 verraten, was auf den Seychellen los ist: Vom Haischutz keine Spur, kleine, juvenile Tiere werden lange vor dem Eintreten der Geschlechtsreife aus dem Meer geholt und gefinnt.

Helfen Sie nach Ihren Möglichkeiten dem Meeres- und Haischutz und unterstützen Sie ihre Anliegen. Haie sind seit hunderten Millionen Jahren substantielle Bestandteile des Ökosystems Meer. Durch ihre Ausrottung würde sich dieses Ökosystem mit unabsehbaren Folgen irreversibel zu unserem Nachteil verändern!

Bullenhaie zählen zu den »großen Drei« der gefährlichen Haie.

Die nächsten Verwandten des Seychellen-Baumfrosches leben in
Afrika. Über 200 Arten zählt diese Familie der Riedfrösche, gerade
eine Art hat in der Isolation der Seychellen überlebt.

Die Seychellen führen uns als leicht(er) überschaubares Inselreich und »Ministaat« vor Augen, wo die Grundprobleme der Menschen und des Naturschutzes liegen. Diese Überlegungen gelten nicht nur für die in diesem Buch vorgestellten Länder, sondern für die ganze Welt: Es gibt immer mehr Menschen auf einer immer gleich groß (oder klein) bleibenden Fläche. Diese zunehmende Anzahl von Menschen muss ernährt werden und hat zahlreiche weitere Raumbedürfnisse. Die Flächen, die anderen Lebewesen, Pflanzen und Tieren, zur Verfügung bleiben, werden immer kleiner. Die Existenz einzigartiger, endemischer Arten, wie die Seychellen sie in großer Zahl zu bieten haben, ist in vielen Fällen an ursprüngliche Lebensräume gebunden. Auf den Seychellen ist es etwa der Nebelwald auf den höchsten Gipfeln der beiden Inseln Mahé und Silhouette, jener Bereich, der schwer zugänglich ist und am ehesten Teile seiner Ursprünglichkeit bewahren kann. Hier leben winzige, endemische Frösche, die weltweit absolut einzigartig sind und nirgendwo sonst vorkommen, die Seychellenfrösche *(Sooglossidae).* Hier gibt es auch die endemischen Blindwühlen, beinlose Lurche mit reduzierten Augen, die einem großen Regenwurm gleichen, doch zu den

Wirbeltieren zählen. Sieben Arten kommen hier vor, die es nirgends sonst auf der Welt gibt. Endemische Baumfarne wachsen hier wie auch der geheimnisvolle Quallenbaum *(Medusagyne oppositifolia),* von dem nur noch wenige Exemplare existieren, seltene Eulen und Fledermäuse, die zu den seltensten und am stärksten bedrohten Tierspezies zählen, unzählige Insekten und vieles mehr. All diese Lebewesen sind auf die Existenz ihres angestammten Lebensraumes angewiesen, der nur wenige Quadratkilometer umfasst, bloß die zwei Berggipfel von Mahé und Silhouette in den Weiten des Ozeans. In irgendeinem Ersatzlebensraum könnten sie nicht überleben.

Wie kann dieses scheinbar unlösbare Dilemma gelöst werden? Es gibt dafür nur einen einzigen Weg, keinen anderen. Der Mensch muss der Natur Platz einräumen, wenn er die einzigartige Biodiversität unserer Erde erhalten will. Neben all den einstigen Naturräumen, die der Mensch durch seine Nutzung unwiederbringlich zerstört hat (so ist von den einstigen Küstenwäldern der Seychellen praktisch nichts erhalten geblieben) und weiterhin für seine Nutzung beansprucht, müssen natürliche Lebensräume in ausreichender Größe erhalten bleiben. Das ist zwar nicht

mehr hundertprozentig möglich, da einge-
schleppte und eingeführte pflanzliche und tie-
rische Fremdlinge selbst in die Gipfelregionen
des Nebelwaldes vordringen und das Ökosystem
verändern. Dennoch müssen Nationalparks und
Schutzgebiete deklariert und ihre Respektierung
garantiert werden. Neben den durch Menschen
genutzten Regionen muss es auch vernetzte,
nicht genutzte Naturräume geben – und zwar
an Land genauso wie im Meer. Ausschließlich so
werden wir unser natürliches Erbe an die kommenden Generationen weitergeben können.
Eine Alternative dazu gibt es nicht.

*Sie zählen zu den berühmtesten tierischen Be-
wohnern der Seychellen: die Riesenschildkröten.
Einst hat es sie an vielen Inseln des westlichen
Indischen Ozeans gegeben, doch der Mensch hat
sie in den letzten Jahrhunderten überall ausgerottet. Nur auf Aldabra haben sie überlebt, und von
dort aus hat man sie auch auf den granitischen
Seychellen wieder angesiedelt.*

Cyanidfischen: Fischereimethode mit verheerenden Folgen

Cyanidfischen mit Natriumcyanid (NaCN), einem Salz der Blausäure (HCN), ist in den meisten Staaten der Erde verboten. Das hat einen Grund: Natriumcyanid wirkt auf Lebewesen stark toxisch und darf auf keinen Fall über Abwässer in die Umwelt gelangen. Die EU-Gefahrstoffkennzeichnung spricht eine klare Sprache: Natriumcyanid ist »sehr giftig« und »umweltgefährlich«. Der so genannte LD50-Wert liegt bei Menschen (oral) bei 2,8 mg·kg^{-1} (das bedeutet, dass diese Menge pro Kilogramm Lebendgewicht bei 50 Prozent der Menschen letal ist). Ausgerechnet dieser Stoff wird in Südostasien in großen Mengen in die Korallenriffe ausgebracht, um Speise- und Zierfische für den internationalen Handel zu fangen.

Natriumcyanid ist das Natriumsalz der Blausäure. Es wird durch Neutralisation von Blausäure mit Natronlauge (NaOH) gewonnen und liegt bei Raumtemperatur als farbloses, kristallines Pulver vor, das leicht nach bitteren Mandeln riecht. Um eine Wirkung zu erzielen, muss die Substanz in großen Mengen in die Umwelt gebracht werden In aller Regel passiert das in Korallenriffen: Die Fischer spritzen das Gift zwischen die einzelnen Stöcke und warten anschließend, bis die vergifteten Fische im Wasser treiben. Dann wird die Beute eingesammelt. Jene, die als Speisefische verkauft werden sollen, werden bis zu zwei Wochen in sauberem Wasser gehalten, jedoch geht ein großer Teil der Beute während dieser Zeit ein. Die besonders auffälligen Rifffische werden in Plastiktüten abgepackt und für Meeresaquarianer in Asien und Übersee gehandelt. Auch bei dieser Gruppe verenden auf dem Transportweg bis zu zwei Drittel der Tiere.

Der Grund für die hohen Verluste ist die häufige Überdosierung des Giftes. Bei den Einsätzen der oft primitiv ausgerüsteten Fischer kann die »richtige« Dosis nur schwer genau getroffen werden. Wenn die Fische zu viel des Giftes ausgesetzt sind, sterben sie nachträglich durch Zellschädigungen. Im Meerwasser dissoziiert Natriumcyanid in Natrium- und Cyanid-Ionen. Letztere behindern die Zellatmung, Sauerstoff kann zwischen dem Hämoglobin und den Zellen nicht mehr übertragen werden. Die tödliche Dosis ist zwar unterschiedlich, doch das Prinzip funktioniert bei Menschen und Fischen gleich.

Wir konnten während unseres Thailandaufenthalts in den Medien die Verhaftung von Seenomaden verfolgen, die in der Andamanensee mit einer Ladung von Korallenfischen erwischt wurden. Solche Aktionen der Behörden werden in den Medien als großer Erfolg verkauft, doch die armen »Seezigeuner« sind sicher nicht das Grundübel. Das große Geld machen die kriminell agierenden Händler, Zwischenhändler und die Auftraggeber, die die Ärmsten der Armen zu diesen Handlungen anstiften. Die Endkonsumenten im Westen und in Asien müssen sich selbstkritisch fragen, ob die ausgefallenen Meeresbewohner aus Wildfängen wirklich sein müssen. Eine ökologische Mindestanforderung an den Handel und für die Konsumenten müsste die völlige Transparenz des Ursprungs der verkauften Fische und ein garantierter Ausschluss der Möglichkeit der Cyanidfischerei beim Fang sein.

Dabei geht es nicht darum, die Tierhaltung grundsätzlich zu verteufeln. Man muss bedenken, dass die Einheimischen in den unendlichen Weiten der südostasiatischen Inselwelt der Fischerei so oder so nachgehen würden, da sie kaum andere Verdienstmöglichkeiten haben. Verantwortungsvoll ausgeübte Aquaristik kann genauso wie das Tauchen eine wertvolle Möglichkeit sein, die Naturverbundenheit des modernen, zivilisierten Menschen zu fördern, Beiträge zur Forschung zu leisten (künftig wird man dadurch mehr Arten nachzüchten und Wildfänge reduzieren können) und Umweltbewusstsein einem breiten Publikum und auch Kindern und Jugendlichen näher zu bringen. Zugleich ist jede Art Tierhaltung immer auch mit Verantwortung verbunden. Speziell in Zeiten der kollabierenden Artenvielfalt und sterbender Riffe muss man als Naturliebhaber besonders sensibel sein. Selbstauferlegte und gesetzlich vorgeschriebene Beschränkungen sind wichtig: Es müssen nicht immer die ausgefallensten und womöglich bedrohten Arten sein, die sich eine Privatperson in den eigenen vier Wänden in der Großstadt hält! Als Meeresaquarianer sollte man sicher gehen, dass die eigenen Pfleglinge nicht auf diese verbrecherische Weise aus dem Riff geholt werden.

Die ins Meer ausgebrachten Giftschwaden treiben oft tagelang durch die Riffe und vernichten alles, womit sie in Berührung kommen, nicht nur Fische, sondern auch Algen, Seegräser, Korallen und andere Wirbellose und letztlich alles, was das marine Ökosystem ausmacht. Nach einer Schätzung des World Resources Institute (WRI) wurden in den letzten Jahrzehnten allein in den Korallenriffen der Philippinen mehr als 1000 Tonnen Cyanid ins Meer ausgebracht. In Indonesien ist diese Belastung wohl noch größer.

Es ist pervers, dass auf diese Weise gefangene lebende Fische oft genug in den teuersten Restaurants der großen Städte Südostasiens landen. Die Nachfrage nach Lebendfisch steigt, und genauso der Trend, dass Neureiche ohne tieferen Bezug zur Natur ausgefallene Meeresbewohner als Statussymbole halten.

Was sind die Folgen für die Umwelt? Früher war die ebenso verheerende und verbotene Dynamitfischerei mehr verbreitet, durch die die Riffe auf Jahre hinaus zerstört wurden. Da man diese aber immer schwerer »diskret« und vor den Behörden versteckt betreiben kann, sind viele Fischer auf die »leise« Cyanidfischerei umgestiegen. Das heimtückische Gift dringt in die Hohlräume des Riffs und in seine letzten Ritzen ein, die ein Rückzugsgebiet für die Fischbrut und andere Meeresbewohner sind. So wird ein ganzes Ökosystem vernichtet. Die Menschen machen aus Unwissenheit und Kurzsichtigkeit ihre eigene Lebensgrundlage kaputt.

Diese unfassbare Pracht wird durch die zerstörerischen Methoden der Dynamit- und Cyanidfischerei unwiederbringlich zerstört.

NATURSCHUTZ VOR ORT

Naturschutz ist kein unnötiger Luxus, wie vielleicht manche Menschen in Anbetracht der wirtschaftlichen Probleme der EU (mitsamt ihrer Währung) und der Welt denken, sondern eine Überlebensnotwendigkeit der Menschheit. Ist diese Aussage bloß die ideologisch angehauchte Meinung eines Naturschützers oder ist sie ein Faktum? Nun: Die Weltwirtschaft hat sich schon von den verschiedensten Schlägen erholt. Nach Crashs kamen bisher immer noch zum Teil verblüffend erfolgreiche Neuanfänge. Veränderungen der natürlichen Umwelt hingegen und das Vernichten von Biodiversität sind oft definitiv, unwiederbringlich. Kein Mensch und keine Macht vermag es, solche Verluste rückgängig zu machen.

Umso verblüffender ist es, wie uneinig sich die Staaten diesbezüglich sind (diese Zeilen werden gerade am Tag des praktischen Scheiterns der Klimakonferenz von Durban geschrieben). Anstatt auf das ganz große Wunder von oben zu warten – gemeint sind die Regierungen, politische Verantwortungsträger und die allmächtige Wirtschaft –, ergreifen die Menschen in praktisch allen Ländern selbst die Initiative. Kleine und große, staatliche und nichtstaatliche (so genannte NGOs) Organisationen bewegen lokal und regional oft mehr, als die große Politik es vermag. Sie sind oft direkt an den Menschen und ihren Problemen, an den wunden Stellen der Natur. Die Enthusiasten und Naturliebhaber, von denen diese Organisationen getragen werden, erkennen oft die dringenden Notwendigkeiten des Handelns zuerst, schlagen Alarm und unternehmen Schritte. Es ist von großer Bedeutung, dass diese Zivilinitiativen die Unterstützung von möglichst vielen Menschen erhalten – auch seitens der Touristen! Sie fragen sich (im besseren Fall), was Sie als Normalbürger in ihrem Reiseland schon beeinflussen können? Wir alle können auf den Lauf der Dinge allein schon als Konsumenten und zum Teil durch Boykott bestimmter Angebote Einfluss nehmen (muss z. B. der Besuch von bestimmten recht zweifelhaften und tierquälerischen Tiershows sein?). Und wir können uns darüber informieren, was die Naturschutzorganisationen des jeweiligen Landes dafür tun, damit wir als Besucher auch noch das nächste Mal eine möglichst faszinierende Natur vorfinden können. Wir können schließlich in der Heimat darüber berichten, was im Reiseland passiert.

Eine immer wichtigere Rolle beim Meeresschutz spielen manche Tauchbasen vor Ort. Freilich, auch hier gibt es solche, die nur den Marketingwert von Umweltschutzmaßnahmen schätzen, wenn es dann aber darum geht, einmal eine Cleanup-Aktion am Strand oder unter Wasser zu unterstützen, fallen sie weg. Dennoch hat sich das Umweltbewusstsein der meisten Tauchbasen, ihrer Betreiber und auch ihrer Gäste in den letzten Jahren positiv entwickelt. Manche Tauchbasen sind zu richtigen Zentren des Naturschutzes geworden.

Große, internationale Organisationen wie Greenpeace und WWF haben in mehreren der genannten Ländern Niederlassungen, Aktivitäten und Projekte; diese lassen sich leicht über das Internet finden. Für dieses Buch und die gleichnamige WDR-Serie eingesetzt hat sich die Meeresschutzorganisation www.mare-mundi.eu. In der Übersicht nicht erwähnt ist der staatliche Naturschutz, also etwa die Umweltministerien der einzelnen Länder oder ähnliche Behörden.

Ägypten

HEPCA – 1992 gegründete internationale NGO mit staatlicher Unterstützung, der größte Akteur des Meeres- und Naturschutzes im Land. **www.hepca.com**

RSEC – 2002 gegründete NGO für Forschung, Ausbildung und Meeresschutz am Roten Meer, zum Zeitpunkt der Verfassung des Buches (2011) vor allem in Dahab/Sinai aktiv, Programme für Volontäre und Praktikanten. **www.redsea-ec.org**

Balearen

GOB – Grup Balear d'Ornitologia i Defensa de la Naturalesa, sehr einflussreiche Naturschutzorganisation auf den Balearen, geht auf das Jahr 1973 zurück. Die Umweltorganisation ist auf Mallorca, Menorca und Ibiza aktiv und unterhält auf den Inseln eigene Büros.

Mallorca: **www.gobmallorca.com**
Ibiza: **www.gengob.org**
Menorca: **www.gobmenorca.com**

Griechenland

ARCHELON – Sea Turtle Protection Society of Greece, NGO seit 1983, kooperiert mit dem UNEP/Mediterranean Action Plan, Mitglied in European Union for the Conservation of the Coasts (EUCC). **www.archelon.gr**

NLUK – KretaUmweltforum, sehr aktive Organisation, die illegale Mülldeponien und weitere Umweltprobleme aufdeckt und auf Kreta viel bewegt. **www.kreta-umweltforum.de**

MEDASSET – The Mediterranean Association to Save the Sea Turtles, internationale NGO seit 1988. **www.medasset.org**

Monachus Guardian – ausgezeichnete Quelle über Mönchsrobben im Mittelmeer und ihren Schutz. **www.monachus-guardian.org**

Earth Sea & Sky – NGO seit 1996.
www.earthseasky.org

Kanaren

Die wichtigste Umweltorganisation auf den Kanaren nennt sich Ben Magec – Ecologistas en Acción. Dahinter verbirgt sich ein Verband von mehreren hundert lokalen Umweltgruppen, die sich den Naturschutz und den Protest gegen die zunehmende Vernichtung der Natur auf die Fahnen geschrieben haben. Ben Magec ist auf allen Inseln der Kanaren erreichbar.

www.benmagec.org

Auf Lanzarote setzt sich die Stiftung des Künstlers César Manrique für den Landschaftsschutz ein und prangert Bausünden an.

www.fcmanrique.org

Um den Schutz von Walen und Delfinen kümmert sich die Sociedad para el Estudio de los Cetáceos en el Archipiélago Canario, kurz SECAC genannt. **www.cetaceos.org**

Um den Meeresschutz kümmert sich vor allem auf La Gomera die 1997 gegründete Organisation M.E.E.R. e.V. **www.m-e-e-r.de**

Malediven

Bluepeace – 1989 gegründet ist es die älteste Umweltschutz-NGO der Malediven.

www.bluepeacemaldives.org

Seychellen

Nature Seychelles – unabhängige, bedeutende Naturschutz-NGO, verwaltet die Vogelinsel Cousin.

www.natureseychelles.org

SIF – Seychelles Islands Foundation durch die Regierung geschaffene Naturschutzbehörde, der die Verwaltung der beiden UNESCO Weltkulturerbe-Stätten der Seychellen untersteht: Vallée de Mai auf Praslin und Aldabra. **www.sif.sc**

NPTS – Nature Protection Trust of Seychelles (bekannte Akteure Ron Gerlach und sein Sohn, der Biologe Dr. Justin Gerlach), wichtige NGO, die sich vor allem um den Schutz von Silhouette verdient gemacht hat, wurde jedoch Ende 2010 durch die Islands Development Company von Silhouette »vertrieben«. **islandbiodiversity.com**

MCSS – The Marine Conservation Society Seychelles, Meeresschutzorganisation mit breiter Unterstützung, seit kurzem auch mit einem Shark Research Institute Seychelles. **www.mcss.sc**

Island Conservation Society – verwaltet Aride Island, eine der bedeutendsten Vogelinseln des Indischen Ozeans.

www.islandconservationseychelles.com

Thailand

Auch in Thailand gibt es für den lange vernachlässigten Umweltschutz inzwischen mehrere Sprachrohre. So kümmert sich die Wild Animal Rescue Foundation of Thailand um den Artenschutz. **www.warthai.org**

Die Association for the Development of Enviromental Quality bemüht sich um ein besseres Umweltbewusstsein der Bevölkerung.

www.adeq.or.th

Vor Ort gefiel uns die Arbeit der Ecolodge auf Koh Ra **www.thaiecolodge.com** und die Arbeit verschiedener Tauchschulen gegen die zunehmende Vermüllung der Riffe auf Koh Tao. Über die Initiative informiert regelmäßig die Organisation Eco Koh Tao.

www.ecokohtao.com